JN437659

북극의 별

네네츠:

툰드라와 순록,
그리고 석유의 땅

Ненецкий автономный округ

한국외국어대학교 러시아연구소
HK연구사업단 러시아연방총서 1

러시아연방총서

북극의 별 네네츠: 툰드라와 순록, 그리고 석유의 땅

Ненецкий автономный округ

최우익

HUFS BOOKS

북극의 별

네네츠

머리말

2012년 2월 초 55년만의 한파가 닥쳐 우리나라 중부지방 기온이 영하 20도까지 떨어졌고, 철원은 영하 24.6도를 기록했다. 전문가에 따르면 이 한파는 북극권의 온난화 현상 때문이라고 한다. 북극해가 따뜻해지고 바렌츠 해의 해빙이 줄어드는 등 온난화 현상이 나타나고 있는데, 이에 따라 남북 기압 차가 줄어들어 제트기류가 약해지고, 시베리아 대륙의 차가운 공기가 중·저위도 지역으로 남하하여 이러한 현상이 나타나게 되었다.[1)]

2012년에는 다시 석유가격이 급등할 것이라고 예상된다. '아랍의 봄'이라 불리는 중동 및 북아프리카의 정세뿐 아니라, 핵개발 문제를 둘러싸고 미국과 마찰을 일으키며 호르무즈 해협 봉쇄를 운운하는 이란의 정세가 원유가를 요동칠 수 있는 주요 요인으로 관측되고 있다.[2)] 이에 따라 2012년 연초부터 우리나라 신문지상에는 '주유소 휘발유 값 경신'이란 단어가 연일 등장하였다.[3)] 이란을 비롯한 중동 지역 원유 의존성이 큰 우리로서는 에너지 자원 수입처를 더욱 다변화시키고 대비할 필요가 있게 되었다.

이처럼 세계 곳곳의 변화는 멀리 떨어진 남의 이야기가 아니라, 우리 환경으로부터 시작하여 정치, 경제 분야는 물론 일상생활의 아주 세밀하고 민감한 영역까지 영향을 주고 있다. 그런데 지금 열거한 상황들과 공통으로 엮이면서 우리가 주목해야 할 대상 중 하나로 러시아연방 북단에 있는 '네네츠 자치구'를 꼽을 수 있다. '네네츠'란 단어는 우리에게 생소한 것이다. 하지만 바렌츠 해에 접해 있는 이곳, 그리고 러시아의 주요 석유 산지로 변모한 이곳은 이제 우리가 관심을 가져야 할 곳이 되었다. 북극해 얼음이 줄면서 이제 우리는 험난한 육로가 아닌 해로로도 이곳에 점차 접근이 용이해지고 있다. 그리고 이곳에서 생산되는 석유는 직접적이든 간접적이든 우리의 눈길을 끌만한 것이다. 바로 이 책에서는 우리가 관심을 둬야 하고 또 충분히 관심을 둘 가치가 있는 '네네츠'에 대한 소개를 하고자 한다.

필자가 '네네츠'의 땅, 그곳의 수도 나리얀-마르에 처음 발을 딛게 된 때는 2010년 8월 여름이었다. 수도라고 해봤자 인구가 겨우 2만 정도 되는 마치 읍내 같은 분위기의 조용한 소도시였다. 한여름이라고 해도 코끝이 시리고 귀가 아릴 정도로 추운 북극 지대이다. 비행기로 내려다본 네네츠 자치구의 첫 광경은 여기저기 구멍 뚫린 것처럼 크고 작은 호수로 끝없이 이어진, 그리고 낮은 초목과 이끼로 뒤덮인 거대한 땅덩어리였다. 여기는 아직 인간의 손이 많이 타지 않은 곳이다. 밤에는 쏟아지는 별들 사이로 북극성이 빛나고, 낮에는 햇빛에 반짝이는 페초라 강 물결에 몸을 실어 북극해 빙산에 닿을 수 있는 곳, 바로 그곳의 이야기를 이 책에서 풀어보려 한다.

이 작업을 하면서 가장 어려웠던 것은 정보와 자료가 많지 않다는 점이었다. 네네츠 자치구 면적은 우리나라의 1.8배에 달할 정도로 크지만, 인구는 고작 4만 명에 불과하다. 역사적으로 최근까지도 네네츠인의 자연 속 유목 생활이 이곳의 전형적인 모습이었다. 따라서 이것만으로도 여기가 매우 독특한 지역이라는 점을 짐작할 수 있을 것이다. 20세기 근대화 이전의 역사에 대해서는 아주 얄팍한 사실들만 전해오고 있으며, 20세기 근대화 과정에 대해서도 기술 수준의 기록이 일부 남아 있는 정도이다. 최근 이 땅의 변화에 대해서는 제대로 연구가 진행되지 않았다. 사실 네네츠 자치구는 21세기에 들어와서야 러시아뿐 아니라 세계로부터 주목을 받기 시작했다. 이곳에 대한 조사와 분석은 이제 시작하였다고 할 수 있으며, 이 책도 바로 이러한 과정에 있다. 이를 바탕으로 앞으로 보다 심화된 연구가 진행되기를 기대한다.

한국외국어대학교 러시아연구소 HK(인문한국) 연구사업(KRF-2009-362-B00005)의 일환으로 이 책이 제작, 출판되었음을 밝힌다. 부디 동학 제현 여러분의 애정 어린 관심과 성원을 구하는 바이다.

그리고 이 책이 나오기까지 곁에서 도와주신 수많은 분께 감사드린다. 먼저 유익한 논의와 토론을 통해 책의 수준을 한층 높여준 한국외국어대학교 러시아연구소 HK연구사업단과, 항상 뒤에서 채근하고 격려해주신 홍완석 소장님께 이 자리를 빌려 감사의 말씀을 드린다. 또한 한국외국어대학교 출판부 탁경구 팀장님과 편집진께 깊은 감사를 드린다. 끝으로 집에 자주 못 들어가 제대로 얼굴 보기 힘들었던 세 아이와 가장 큰 지원군이었던 아내에게 고맙고 미안하다는 말을 전한다. 사랑한다.

용인 연구실에서 밤하늘의 별을 헤아리며

2012년 3월

최우익

목차

북극의 별
네네츠:
툰드라와 순록,
그리고 석유의 땅
Ненецкий автономный округ

V. 경제와 자원: 풍부한 북극의 자원과 석유 • 91

VI. 사회: 소득증가와 복지제도의 강화 • 127

Nenets

북극의 별

네네츠:

툰드라와 순록, 그리고 석유의 땅

Ненецкий автономный округ

일러두기

- 러시아어를 소리 나는 대로 한글로 표기할 때 '국립국어원(http://www.korean.go.kr)'의 외래어 표기법을 따랐다. 단, 일반적으로 널리 알려져 쓰이는 용어는 통례에 따라 표기하였다.

- 러시아의 행정 지역 명을 한글로 표기할 때 주 단위 이상은 어미를 떼고 어근이 되는 본래 지역 명을 찾아 기록하였고, 그 이하의 단위는 어미를 모두 살려 소리 나는 대로 표기하였다. 자연 지역 명을 표기할 때도 대규모 단위는 본래 지역 명을 찾아 기록하였지만, 소규모 단위는 어미를 모두 살려 표기하였다. 단, 일반적으로 널리 알려져 쓰이는 지역 명은 통례에 따라 표기하였다.

- 각종 편집 기호와 각주 및 참고문헌의 작성 방식은 한국외국어대학교 러시아연구소의 학술지 『슬라브연구』편집규정을 따랐다.

I

서론: 북극의 나라 네네츠로의 여행

네네츠 자치구(Ненецкий автономный округ)는 툰드라 지대로서 전통적으로 네네츠인이 자연 상태에서 농업, 수렵, 목축(주로 순록), 어업을 하며 살았던 지역이다. 하지만 소비에트 시대에 근대화 과정을 통하여 네네츠 자치구에는 많은 변화가 일어나게 되었고, 게다가 최근 21세기에는 더욱 거센 사회·경제적 격동의 바람 앞에 서게 되었다. 최근의 변화는 무엇보다도 이 지역이 이제 러시아의 대표적 석유 생산지 중 하나로 변모하였기 때문에 일어난 것으로 풀이할 수 있다.

러시아에서 석유는 1970년대만 하더라도 볼가연방관구(Приволжский федеральный округ)에서 가장 많이 생산되었지만, 1980년대부터 현재까지는 우랄연방관구(Уральский федеральный округ)에서 가장 많이 생산되고 있다. 네네츠 자치구가 속해 있는 북서연방관구(Северо-Западный федеральный округ)는 소련시대에 남부연방관구(Южный федеральный округ)보다도 석유 생산량이 적었지만, 점차 생산량이 늘어 2000년대에는 우랄과 볼가연방관구 다음으로 석유를 많이 생산하고 있다. 그 생산량은 2009년 시점에 약 3,360만 톤에 달하게 되었으며,[4] 이

중 네네츠 자치구가 차지하는 석유 생산량은 절반이 넘는 1,880만 톤에 이른다.[5)]

네네츠 자치구는 인접한 코미 공화국(Республика Коми)과 함께 상당 영역이 티만-페초라 석유·가스 지역(Тимано-Печорская нефтегазоносная провинция)에 속해 있고, 이곳에는 약 70여 개의 석유 및 천연가스 산지가 흩어져 있다.[6)] 이미 2000년대 초반 티만-페초라 지역에서 매년 적어도 1,000만 톤 이상의 석유와 40억m³ 이상의 천연가스가 생산될 수 있는 것으로 평가받았다.[7)] 또한, 최근에는 북극 대륙붕의 개발 가능성에 따라 네네츠 자치구에 접해 있는 바렌츠 해(Баренцево Море)와 카라 해(Карское Море) 바닷속 석유 산지들도 새로이 주목받고 있다. 따라서 석유 생산과 관련한 네네츠 자치구의 다수 지방은 소연방 시대부터 현재까지 계속 관심을 받아 왔다.[8)]

이와 같은 지경학적 맥락에서 네네츠 자치구를 포함하여 러시아 북극의 경제는 소연방 시대부터 중앙집권적 계획과 관리의 틀에서 운영됐으며, 오늘날 시장경제 체제에서도 러시아연방 정부의 입김을 강하게 받고 있다. 이처럼 이 지역이 러시아 석유와 가스의 가장 중요한 생산지 중 하나로 드러나고 있지만, 이 지역의 소수민족 네네츠인은 전통적인 자연경제와 거주환경이 파괴되는 산업화 과정에서 새롭게 생존방식의 문제를 고민하는 처지가 되었다.[9)] 네네츠인 일부는 지금도 여전히 전통적인 삶의 방식을 유지하고 있는데, 사실 이를 위한 공간은 소비에트 시대부터도 근대화 과정과 석유·가스 생산업의 발전에 따라 계속 축소됐다. 이 과정에서 나타난 중앙과 지방의 역할 분담, 지방의 권한 확대, 이 지역에 거주하는 소수민족들의 보호, 환경문제, 지역민들의 생존권 보장 등은 지금 중대한 이슈가 되고 있다.[10)]

오늘날 러시아의 석유 생산에서 네네츠 자치구가 차지하는 중요성은 적지 않으며, 또한 자치구 내의 측면에서 보았을 때도 석유 생산이란 절대적 위치를 차지하고 있는바, 이로 말미암아 오늘날 네네츠 자치구 주민은 급격한 사회·경제적 변화를 겪고 있다. 변화에 대한 결과는 현재 여러 통계지표에서 나타나는바, 이에 대한 분석과 정리는 개혁기 러시아 사회현상에 대한 이해로서 뿐만 아니라, 현재 러시아학의 중요한 과제 중 하나인 지역연구로서의 의의도 지니고 있다.

또한, 네네츠 자치구에 대한 연구는 이곳에 소수민족인 네네츠인 다수가 거주하고 있다는 측면에서 인종 및 민속학으로서 의미가 있다.[11] 그리고 네네츠 자치구가 주요 석유 생산지라는 점 외에도 북극해 항로와 자원개발, 북극 지역의 운송 및 교통의 요충지, 이에 따라 안보적 중요성이 강조되는 지역이라는 점에서 경제학적, 지정학적 연구로서 가치가 있다.[12] 그 외로도 이 지역은 환경과 생태 문제와 관련하여서도 시사점이 많다는 점에서 여러 가지 중대한 학문적 함의가 있다고 할 수 있다.[13]

반면 그 중요성에 비해 러시아를 포함하여 국내외 연구자들의 네네츠 자치구와 그곳 거주민에 대한 연구는 매우 빈약한 실정이다. 사실 시베리아, 극동, 북극 지역은 중앙으로부터 공간적으로 멀리 떨어져 있을 뿐만 아니라, 자신만의 독특한 지리적, 기후적 특징, 그리고 그에 따른 다양한 천연자원을 보유하고 있다. 또한, 이들 지역은 중앙과는 다른 자신에 고유하고 적합한 경제적, 사회·문화적 공동체와 인적 관계들로 구성되어 있다.[14] 이러한 점에서 이들에 대한 연구는 매우 독창적이고도 흥미로울 수 있는데, 그럼에도 이들 지역과 지역민들에 대한 연구는 매우 불충분한 상태이다.

따라서 네네츠 자치구와 같이 최근 주요 석유 생산지로 부각된 지역에 있어서 그 지역의 전통과 현대의 정치, 경제, 사회, 문화 등을 통합, 유지하고 재생산하며, 또 그 속에서 삶을 영위하고 있는 해당 지역민에 대한 연구는 시급한 과제일 수밖에 없다.

이 책에서는 네네츠 자치구의 자연환경, 역사, 정치, 경제, 사회, 문화,

더 나아가 한국과의 관계 등에 대해 총체적인 정보와 자료를 체계적으로 정리하고, 오늘날 네네츠 자치구가 지니는 위상과 성격, 그리고 전망에 대해 분석해 보고자 한다. 이 책을 통해 오늘날 급격한 변화 속에서 지역민의 새로운 경제체제와 사회·문화적 환경에 대한 적응 문제, 그리고 향후 그들이 이러한 체제와 환경을 잘 유지, 발전시킬 수 있는지에 대한 가능성 등을 엿볼 수 있을 것이다. 또한, 이 책은 네네츠 자치구와 유사한 다른 석유 및 가스 생산 지역연구를 위한 유추와 해석, 그리고 비교연구 자료로서의 가치도 있을 것이다. 더 나아가 네네츠 자치구 및 북극의 환경 변화를 돌아보며 우리나라와의 관계 및 역할, 그리고 전망에 대해서도 타진해 볼 수 있을 것이다.

II

자연환경 및 개관: 툰드라와 순록, 그리고 석유

1. 개관

• 위치

네네츠 자치구(Ненецкий автономный округ)는 동유럽 평원의 북쪽에 펼쳐져 있으며, 남서쪽 일부를 제외하고 영토 대부분이 북극권에 속해 있다. 또한, 네네츠 자치구는 콜구예프 섬(остров Колгуев), 바이가치 섬(остров Вайгач), 센게이스키 섬(остров Сенгей-ский), 굴랴옙스키예 코시키 섬(остров Гуляевские Кошки), 페샤코프 섬(остров Песяков), 돌기 섬(остров Долгий), 카닌 반도(полуостров Канин)를 포함하고 있다. 네네츠 자치구의 북쪽 바다는 서쪽부터 동쪽으로 북빙양의 백 해(Белое Море), 바렌츠 해(Баренцево Море), 페초라 해(Печорское Море), 카라 해(Кар-ское Море)로 이어져 있다. 복잡하게 생긴

[그림 1] 네네츠 자치구 위치[15]

해안선은 전체적으로 북쪽을 향하고 있으며 러시아연방 육상영토의 한 경계를 이루고 있고, 가장 서쪽의 메젠스카야 만(Мезенская губа)으로부터 시작하여 동쪽의 바이다라츠카야 만(Байдарацкая губа)으로 끝난다. 네네츠 자치구는 남쪽으로는 코미 공화국(Республика Коми), 남서쪽으로는 아르한겔스크 주(Архангельская область), 북동쪽으로는 야말-네네츠 자치구(Ямало-Ненецкий автономный округ)와 접해 있다.

네네츠 자치구는 러시아의 북서쪽에 있으며, 모스크바에서 보았을 때는 북동쪽에 있고, 행정적으로는 북서연방관구(Северо-Западный федеральный округ)에 속해 있다. 네네츠 자치구 면적은 러시아연방의 약 1%로서 17만㎢가 좀 넘으며 83개 연방주체 중 20번째 규모인데, 척박한 토양과 기후 탓에 상주인구는 약 4만 명에 불과한 수준이다. 하지만 최근 석유와 가스 개발 등으로 소득이 높아져 1인당 평균소득은 러시아연방에서 수위를 달린다. 물론 경제 인프라가 부족하고 순록 유목을 하는 네네츠인이 많아 소득 수치만으로 실제 생활수준이나 삶의 질을 가늠하기는 곤란하다.

[그림 2] 네네츠 자치구 지도[18)]

• 일반 개황

[표 1] 네네츠 자치구 일반 개황[16)]

공식 명칭	네네츠 자치구(Ненецкий автономный округ)
행정 수도	나리얀-마르(Нарьян-Мар)
면적	176,810㎢ (러시아내 20위, 전체의 1.05%)
설립일	1929년 7월15일
시간대	모스크바와 같은 시간대
인구	42,642명(2011년 1월 1일 시점, 러시아내 83위로 최소)
인구 밀도	0.24명 / ㎢
민족 구성	러시아인 (70.0%), 네네츠인 (17.1%), 코미인 (9.5%) 등(2010년)
종교	러시아 정교, 샤머니즘 등
공식 언어	러시아어와 네네츠어 공용
행정 수반	이고리 표도로프(Игорь Фёдоров)
의회 의장	세르게이 콧킨(Сергей Коткин)
주요 정당	통합러시아당(Единая Россия), 러시아자민당(ЛДПР), 러시아공산당(КПРФ), 정의러시아당(Справедливая Россия)
연방관구	북서연방관구
경제지구	북부경제지구
공식웹사이트	http://www.adm-nao.ru/
지역총생산 (GRP)	1,320억 루블(2010년)
주요 산업	광업(석유 및 가스), 건설업
주요 자본투자	385억 루블(2010년)
외국인 투자	5억 3,710억 달러(2010년)
주요 자원	석유, 천연가스
실업률	876명(3.8%, 2011년 1월 1일 기준)
평균 월급	47,347.8루블(2010년)

2. 자연환경

• 자연 지리

이 지역에서 나타나는 북극의 생태환경은 극한의 온도와 특이한 지질학적 토양으로 말미암아 여러 가지 독특한 특징을 보여주고 있다. 백곰이 이곳에서 발견되기도 하며, 이곳에 오래전부터 거주해 온 주민도 인종적으로 슬라브계 러시아인이 아니라 바로 네네츠인이다. 네네츠 자치구는 대한민국(약 10만㎢)보다는 크고 한반도(약 22만 3천㎢)보다는 적은 약 17만 7천㎢의 면적을 지니고 있다. 네네츠 자치구의 남북 간 세로의 길이는 320㎞이며, 동서 간 가로의 길이는 950㎞에 달한다.[17] 가장 북쪽의 지점은 볼반스키 노스 갑(мыс Болванский Нос)이며, 남쪽의 지점은 오마 강(река Ома)이고, 가장 서쪽의 지점은 카닌 노스 갑(мыс Канин Нос)이며 동쪽의 지점은 카라 강(река Кара)이다.

네네츠 자치구는 기본적으로 큰 기복이 없는 평평한 평야로 이루어져 있는 편이다. 대표적인 지형으로 오래된 티만스키 구릉(Тиманский кряж), 파이-호이 능선(хребет Пай-Хой)(높이 467m), 대토지 툰드라(Большеземельская тундра)와 소토지 툰드라(Малоземельская тундра)의 늪지가

[그림 3] 네네츠 자치구 지형도[20]

있다. 주요 강은 페초라 강(река Печора)이다. 네네츠 자치구에는 주로 실개천으로 연결된 작은 강과 호수가 빽빽한 망처럼 퍼져 있다.

네네츠 자치구 영토는 지질학적으로 두 개의 서로 다른 연대에 형성된 선캄브리아기의 수성암 판(러시아 판과 페초라 판)으로 되어있다. 그들 사이의 경계는 서쪽 티만의 깊숙이 쪼개진 지대 부분에서 발견된다.

이 판은 두 개의 층으로 이루어져 있다. 하층은 지반이 강하게 밀려 겹쳐지면서 기초가 형성되었고, 상층은 약간 경사지게 누운 채 지반이 약하게 밀리면서 수성암층의 덮개로 형성되었다. 러시아 판이 결정화되어 형성된 것은 원생대 중기에 이르러서였고, 페초라 판이 겹치면서 형성된 것은 원생대 후기에 이르러서였다. 이들이 형성된 후 양자 모두 변형이 거듭 일어났는데, 단층으로 끊어지기도 하고, 일부는 높여지거나, 또 다른 일부는 가라앉기도 했다. 그 결과, 표면은 매우 울퉁불퉁하게 거친 편이다.[19)]

• 토양

네네츠 자치구 토양은 크게 툰드라 회색토(тундро-глеевые почвы)와 이탄 회색토(торфяно-глеевые почвы)로 이루어져 있다. 좀 더 세분하여 살펴보면, 생물 기후학적 조건, 토지의 기복, 토양 광층의 특성, 수표면의 깊이에 따라 툰드라 토양은 북극 툰드라 회색토(аркто-тундровые глееватые почвы), 툰드라 원시토(тундровые примитивные почвы), 툰드라 표면 회색토(тундровые поверхностно-глеевые почвы), 이탄 습지(торфяно-болотные почвы), 부식토(дерновые почвы)로 구성되어 있다. 배수가 잘되는 모래와 흙으로 된 토양 광층에는 툰드라 포졸 집적 부식토(тундровые оподзоленные иллювиально-гумусовые почвы)가 형성되어 있다. 북극 툰드라 회색토는 바이가치 섬과 카라 해 해안가에서 발견되며, 툰드라 원시토는 파이-호이 능선(хребет Пай-Хой) 비탈 상층부에서 발견되고, 이탄 습지와 마찬가지로 툰드라 표면 회색토는 전 자치구에 걸쳐 광범위하게 퍼져 있다. 북부 타이가의 하위 지대인 네네츠 자치구의 남서 지역에는 회색 포졸토(глеево-подзолистые почвы)와 포졸 집적 철분 부식토(подзолы иллювиально-железисто-гумусовые почвы)가 형성되어 있다.

네네츠 자치구 토양은 저온, 짧은 여름, 광범위한 영구동토층, 범람 등의 영향을 받아 형성됐으며, 회색토의 습지 형태에 따라서도 다양하게 생성됐다. 이곳의 토양 성분을 살펴보면 칼슘, 나트륨, 칼륨은 부족하고, 철과 알루미늄은 풍부하다는 특징이 있다. 산소가 부족하고 수분은 과도한 상태여서 식물 잔류물들은 잘 분해되지 않는 편이며, 이탄의 형태로 서서히 축적되고 있다.[21]

• 기후

네네츠 자치구는 대륙성 혹한기후로 겨울은 춥고, 여름은 비교적 짧고 따뜻하다. 무엇보다도 혹독한 추위가 가장 큰 특징이다. 1월 평균 기온은 남서쪽이 영하 12도, 북동쪽이 영하 22도이며, 7월의 평균 기온은 북쪽이 영상 6도, 남쪽이 영상 13도이다. 강수량은 1년에 약 350㎜이며, 토양은 영구동토층으로 이루어져 있다.[22]

네네츠 자치구 기후는 대서양 해류와 연결되어 북부를 감싸고 있는 북빙양으로부터 상당한 영향을 받는다. 또한, 공기압력이 빈번하게 바뀌면서 나타나는 북극권의 공기 이동도 날씨를 불안정하게 하면서 기후에 직접적인 영향을 준다. 날씨가 계속 변화하는 원인은 무엇보다도 공기의 잦은 이동 때문이다. 겨울과 가을은 남부에서 바람이 불어오고, 여름에는 온도가 오르고 대기 압력이 떨어진 대륙으로 차가운 북극의 공기가 밀려오면서 북부와 북동쪽으로부터 바람이 불어온다. 여름의 공기 온도는 태양의 복사량에 의해 영향을 받는데, 따라서 자연히 북쪽에서 남쪽으로 내려갈수록 온도가 올라간다.

네네츠 자치구는 지역에 따라 기후의 차이가 큰데, 서쪽은 겨울이 180일간 지속되고, 동쪽은 230일까지 지속된다. 겨울의 연평균 기온은 전체적으로 영하인데, 남서쪽은 영하 1도에서 북동쪽은 영하 9도까지 나타나고 있다. 1월 평균 기온은 서쪽의 영하 9도에서 동쪽의 영하 20도까지, 6월 평균 기온은 북쪽의 영상 6도에서 남쪽의 영상 13도까지 나타나고 있다. 최고로 여름 온도가 올라갔을 때는 30도인 적이 있으며, 겨울 온도는 영하 40도 이하로 떨어진 적도 있다. 강수량은 일 년에 북쪽은 280㎜에서 남쪽은 420㎜까지 기록되며, 티만스키 구릉(Тиманский кряж)과 파이-호이 능선(хребет Пай-Хой) 서쪽 경사면은 700㎜에 달하기도 한다. 바다 연안과 북극 군도의 경우 연간 강수량은 적게는 400㎜부터 많게는 700㎜에 달한다. 강수량의 최소 30%는 눈의 형태로 내리며 수년간 언 상태로 유지된다. 보통 강수량이 제일 적을 때는 2월이며, 가장 많을 때는 8~9월이다. 네네츠 자치구 전 지역은 수량이 풍부하여 지표면에 물이 풍부하고, 늪지가 광범위하게 조성되어 있다. 여름과 봄에는 북쪽으로 바람이 불고, 겨울과 가을에는 남쪽으로 분다. 평균 풍속은 약 4~8м/с이며, 겨울에 해안가 풍속은 40м/с가 넘는다. 평균 온도가 5도 이상 되어야 하는 식물의 생장기간은 남쪽은 95~110일, 북쪽은 72~94일 지속된다.[23)]

중심도시인 나리얀-마르의 7월 평균 기온은 영상 12도이다. 일 년 중 절반 이상이 겨울인데, 이 기간의 온도를 결정하는 또 하나의 중요한 요소는 바로 해류를 통해 전달되는 대서양의 온기이다. 이 온기에 따라 서쪽은 온도가 높고 동쪽으로 갈수록 온도가 떨어지는 현상이 명확히 구분되어 나타난다. 나리얀-마르 시의 1월 평균 온도는 영하 16도이며, 겨울은 평균 220~240일 정도 지속된다.[24)]

• 수로

네네츠 자치구는 서쪽은 백해, 북쪽은 바렌츠 해와 페초라 해, 북동쪽은 카라 해로 둘러싸여 있다. 해안에는 크고 작은 만들이 수없이 많이 있으며, 대표적으로 메젠스카야 만(Мезенская губа), 쵸시스카야 만(Чёшская губа), 콜로콜콥스카야 만(Колоколковская губа), 페초르스카야 만(Печорская губа), 하이푸디르스카야 만(Хайпудырская губа) 등이 있다.

강들은 촘촘한 망(1㎢ 면적당 평균 0.53㎞)처럼 연결되어 있고 수많은 호수가 흩어져 있다. 강들은 북빙양의 바다연안으로 연결되어 있고, 기본적으로 잔잔히 흐르고 있지만, 구릉에는 급류가 흐른다. 수원은 주로 녹은 눈으로부터 공급되어 형성된다(수량의 최대 75%). 빗물은 부차적인 수원일 뿐이며(수량의 15~20%), 지하수의 비율은 5~10%이거나 아주 미미한 양이다. 여름과 겨울은 갈수기이며, 봄은 만수기이고, 가을은 물이 약간 범람하는 상태가 된다. 이러한 계절적 차이와 특징이 네네츠 자치구에서 뚜렷하게 발견되며 이에 따라 수량의 차이도 확연히 달리 나타난다. 물은 7~8개월간 언 상태로 유지된다. 겨울이 끝나갈 무렵 얼음의 최대 두께는 0.7~1.2m에 달하며, 툰드라의 작은 하천은 바닥

[그림 4] 네네츠 자치구를 흐르는 강[25)]

까지 얼어버린다.[26)]

강 중에서 페초라 강은 가장 특별하다고 할 수 있는데, 거대한 삼각주로 이루어진 강의 하류(220㎞)가 바다로 이어지는 끝 부분까지 흐르고 있다. 수심이 깊어서 바다로부터 강 변에 있는 나리얀-마르 시까지 배가 닿을 수 있다. 페초라 강은 러시아의 유럽 지역에서 볼가 강 다음으로 수량이 많다. 이밖에 네네츠 자치구의 중요한 강들로는 비자스 강(река Вижас), 오마 강(река Ома), 스노파 강(река Снопа), 표샤 강(река Пёша), 볼론가 강(река Волонга), 인디가 강(река Индига), 쵸르나야 강(река Чёрная), 모레-유 강(река Море-Ю), 코로타이하 강(река Коротаиха), 카라 강(река Кара) 등이 있으며, 또한 페초라 강의 지류로 술라 강(река Сула), 샵키나 강(река Шапкина), 라야 강(река Лая), 콜바 강(река Колва), 아드지바 강(река Адзьва) 강 등이 있다.

호수 중에는 대표적으로 골로드나야 구바 호수(озеро Голодная Губа: 186㎢)가 있고, 그 외에도 바슛킨스코예 호수(Вашуткинское озеро), 우르듀시스코예 호수(Урдюжское озеро), 인딕스코예 호수(Индигское озеро)가 있다. 대부분의 호수는 최대 3㎢ 수면적의 작은 규모이며, 평균 깊이는 0.5~3m이고, 간혹 4~5m 깊이의 호수도 있다. 호수는 기본적으

[그림 5] 비행기에서 내려다본 네네츠 자치구의 호수와 늪[27)]

로 빙하가 녹거나 땅속의 얼음이 녹으면서 생긴 형태가 많으며, 강의 흐름이 막혀 생긴 경우도 있다. 전체 호수에서 항상 물에 잠겨 있거나 젖어 있는 소택지 형태가 5~6%를 차지하며 그중 10~20%는 호숫가 주변에 있다. 소택지의 깊이는 0.5~2m이다. 지하수에 대한 연구는 나리얀-마르 시 지역을 제외하고 아직 충분히 이루어지지 않았다.[28)]

3. 자치구 상징

• 네네츠 자치구 문장

[그림 6] 네네츠 자치구 문장[29)]

[그림 7] 1979년 노력적기훈장과 1972년 인민우정훈장[31)]

네네츠 자치구 문장은 러시아연방주체로서의 국가적, 법적 지위를 상징하고 네네츠 자치구의 정체성과 전통을 표현하고 있다. 문장은 은색, 녹색, 파란색 등 세 가지 색상으로 그려져 있는데, 이것은 세 요소, 즉 하늘(은색), 땅(녹색), 물(파란색)의 조화를 상징한다. 은색은 관대함, 정직, 성실을 상징한다. 국가적 차원의 상징에서 보았을 때 은색은 또한 북극, 순결, 충성심, 눈을 의미한다. 녹색은 여름 툰드라를 의미하며, 또한 이 색은 희망, 풍요, 자유를 상징한다. 파란색은 페초라 강을 뜻하는데, 그 강과 함께 살아왔던 고대 민족 신앙에 따르면 페초라 강이란 현존인과 그들 조상의 세계, 그리고 과거와 미래를 연결하는 통로이다.

문장은 네네츠 자치구의 환경과 네네츠

인 삶의 모습을 특징적으로 형상화하여 보여주고 있다. 문장의 네모난 틀 안의 윗부분은 전통가옥인 천막의 모습을, 아래 부분은 순록의 뿔 모양을 뜻한다. 문장의 중심에는 불꽃이 그려져 있는데, 북극에서 이것은 바로 낙천성을 의미한다. 또한, 불꽃은 북극에서 무엇보다도 중시되는 에너지, 환희, 안락, 따뜻함의 상징이다. 파란 원 속의 은색 불꽃은 불, 그리고 풍부한 자연 자원인 석유와 가스를 의미한다. 금색 왕관은 러시아연방주체로서 네네츠 자치구의 국가적 위상을 상징하고 있다. 문장의 둘레를 장식하고 있는 훈장의 띠는 2개의 훈장(1979년 노력적기 훈장(орден Трудового Красного Знамени)과 1972년 인민우정훈장(орден Дружбы народов))을 기념하기 위한 것이다.[30)]

• **네네츠 자치구 기**

[그림 8] 네네츠 자치구 기[32)]

네네츠 자치구의 기는 가로세로 3 대 2의 비율로 되어 있으며, 세 가지 색깔의 줄무늬가 수평으로 나뉘어 있다. 자치구 기는 위에 가장 넓은 흰색 줄무늬가 있고, 중간에 파란색 줄무늬가 있으며, 가장 아래에 가는 녹색 줄무늬가 받치고 있는 형상으로 되어 있다. 파란 줄무늬와 흰색 줄무늬 사이의 경계에는 북극 민족문화에서 전통적으로 나타나는 문양이 새겨 있다. 그 문양은 규칙적인 기하학적 모양으로 되어 있는데, 순록 뿔 모양의 무늬가 흰색과 파란색 바탕에 바로 세워졌다가 거꾸로 세워졌다가 하면서 8번 반복하여 새겨 있는 모습이다.

깃발에 수평으로 8번 등장하는 이 모자이크 문양은 네네츠인의 주요 경제 활동인 순록 사육의 의미를 담고 있다. 실제로 이 문양은 같은 네네츠인이 사는 야말-네네츠 자치구(Ямало-Ненецкий автономный округ)의 상징에도 공통으로 나타난다. 색깔도 고유의 의미가 있다. 흰색은 고결, 솔직함, 순수, 결백, 성실을 상징한다. 파란색은 관대함, 정직, 충실, 혹은 하늘을 의미한다. 녹색은 소망, 풍부, 자유 또는 초원의 풀을 뜻한다.[33)]

• 네네츠 자치구 국가

〈1절〉

네네츠여 그대를 찬양하리,
위대한 러시아의 기둥!
북극 만세,
광활한 우리의 조국!
굳건한 통일 러시아 강국의
믿음직한 선봉장,
우리 사랑스러운 조국을 위한
부와 명예의 샘!

〈후렴〉

우리의 북극,
사랑하는 조국,
그대에게 영광을 돌리리,
영원히 번창하라!

〈2절〉

여기서 함께 고생한
네네츠인, 러시아인, 코미인,

모두에게 소중한 공간이네
화목한 북극의 집이네.
심장은 한마음으로 우리를 뛰게 하네
오로라의 빛 아래에서
북방 사람들은 서로 형제이고,
분명 그들은 하나의 북방 국민이다!

〈3절〉
엄청난 가스와 석유,
풍부한 사슴 떼,
넘치는 신선한 생선,
우리에게 다른 조국은 필요 없다!
네네츠여 그대를 찬양하리,
위대한 러시아의 기둥!
사랑스러운 북극 만세
끝없이 광활한 툰드라여.[34)]

4. 민족

네네츠 자치구 주민은 주로 러시아인과 네네츠인으로 구성되어 있는데, 네네츠인은 툰드라 지역 민족 중 하나로서 이곳의 토착민이다. 따라서 네네츠 자치구의 명의민족(титульная народность)은 네네츠인이다. 그 외에도 네네츠인을 명의민족으로 하는 지역은 야말-네네츠 자치구가 있다.

러시아인은 대부분 행정중심지인 나리얀-마르 시와 암데르마 농촌형 부락(посёлок Амдерма)에 거주한다. 네네츠인은 동부 중앙 지역에 일부 몰려 있고, 그 외에도 코미 공화국 경계 부근에 코미인과 섞여 있으며, 대체로 자치구 전체에 퍼져 거주하고 있다. 2002년과 2010년 인구조사에 따르면 러시아인은 각각 62.4%와 66.1%로 가장 많고 토착민인 네네츠인은 각각 18.7%와 18.6%로 집계되었다([표 2] 참조). 따라서 네네츠 자치구의 다수를 이루는 주민은 사실 러시아인이다. 러시아인은 1990년대 네네츠 자치구로부터 다소 유출되었지만, 2000년대에는 다시 유입되면서 구성비율이 높아지고 있다. 이밖에 코미인이 주민 중 약 10%에 달하고 있다.[35)]

네네츠인은 사모예드인(самоеды)이라고도 한다. 사모예드인은 여러 민족으로 이루어져 있는데, 이 속에는 북시베리아에 거주하는 우랄어 계통의 네네츠인(ненцы), 에네츠인(энцы), 셀쿠프인(селькупы), 은가나산인(нганасаны) 등이 있다. 따라서 네네츠인은 바로 사모예드인의 일부가 된다. 네네츠라는 명칭은 네네츠어로 '사람'을 뜻하는 '네네츠'에서 왔다.

[표 2] 네네츠 자치구 민족별 구성 비율[36)]

	1939	1959	1970	1979	1989	2002	2010
네네츠인	5,602 (11.8%)	4,957 (10.9%)	5,851 (15.0%)	6,031 (12.8%)	6,423 (11.9%)	7,754 (18.7%)	7,504 (18.6%)
코미인	6,003 (12.6%)	5,012 (11.0%)	5,359 (13.7%)	5,160 (10.9%)	5,124 (9.5%)	4,510 (10.9%)	3,623 (9.0%)
러시아인	32,146 (67.5%)	31,312 (68.8%)	25,225 (64.5%)	31,067 (65.8%)	35,489 (65.8%)	25,942 (62.4%)	26,648 (66.1%)
우크라이나인	1,402 (2.9%)	2,068 (4.5%)	1,224 (3.1%)	2,596 (5.5%)	3,728 (6.9%)	1,312 (3.2%)	-
벨라루스인	334 (0.7%)	506 (1.1%)	290 (0.7%)	650 (1.4%)	1,051 (1.9%)	426 (1.0%)	-
기타	2,130 (4.5%)	1,679 (3.7%)	1,170 (3.0%)	1,714 (3.6%)	2,097 (3.9%)	1,602 (3.9%)	2,524 (6.3%)

사모예드어를 구사하는 네네츠인의 조상은 첫 번째 천 년기(1~10세기)에는 훈족, 터키 및 기타 호전적 유목민의 지배 아래에서 시베리아의 이르티시 강(река Иртыш) 유역과 토볼스크 시(город Тобольск) 주변의 산림 스텝지대와 오비 강(река Обь) 중류의 타이가 지대에서 살았다. 그 후 그들은 북극의 타이가와 툰드라 지역으로 밀려났는데, 그곳에서 야생 순록과 바다짐승을 주로 사냥하며 살아가는 원주민들을 동화시켰다. 그 이후 우그르인(угры) 및 에네츠인(энцы)도 네네츠인으로 합류되었다.[37]

이와 같이 네네츠인은 남시베리아로부터 이주하여 온 것으로 알려졌으며, 카닌 반도와 타이미르 반도(полуостров Таймыр) 사이, 그리고 오비 강과 예니세이 강(река Енисей) 주변에 머무르거나, 그들 중 일부는 콜바(Колва) 지역에 조그만 공동체를 이루며 정착한 것으로 보인다. 그들은 주로 모피 제작, 야생 순록 사냥, 숲이나 물에 사는 들새 사냥, 낚시 등을 하며 살았다. 18세기 중반부터 가족 단위로 대규모 순록 몰이와 사육을 하게 되었다.[39] 견인 동물로 순록을 사용하며 일 년 내내 썰매로 먼

[표 3] 네네츠인 개관[38]

고대 문화	쿨라이스카야 문화(Кулайская культура), 카라콜스카야 문화(Каракольская культура)
언어	네네츠어, 러시아어
종교	러시아 정교, 토착 신앙
인종	몽골로이드 혹은 북아시아인
종족	사모예드인
동일 종족	에네츠인(энцы), 은가나산인(нганасаны), 셀쿠프인(селькупы), 카마시네츠인(камасинцы)

거리를 돌아다닐 수 있었다. 그들은 순록 몰이를 도우며 썰매를 끌 사모예드 개를 키웠고, 그 개들은 북극의 환경에 잘 견뎠기 때문에 유럽 탐험가는 나중에 북극 탐험에 그 개들을 이용하기도 했다.[40)]

야말 반도(полуостров Ямал)에는 약 50만 마리의 순록을 보유하고 있는 수천 개의 네네츠인 순록사육대가 유목생활을 하고 있다.[41)] 툰드라 늑대는 네네츠인의 생계수단인 순록 떼를 잡아먹기 때문에 상당한 경제적 손실을 줄 수 있어 경계 대상이다. 순록 고기 외에도 생선은 네네츠인 식생활의 중요한 부분이다. 네네츠인 대부분은 유목생활을 하며 춤(чум) 형태의 천막집에서 거주했다. 춤이라 불리는 전통 집은 북동 유럽 및 시베리아 여러 민족의 이동 천막을 뜻하며, 겨울에는 순록 가죽, 여름에는 나무껍질로 덮은 조립식 텐트 형태로 되어 있다. 네네츠어로는 이것을 먀(мя)라고 부른다. 두 개의 긴 장대를 세우고 그 주위에 25~50개의 장대를 기대 세우면서 연결하여 텐트의 골격을 짠다. 외투(점퍼나 상의)와 신발(부츠)은 순록 가죽으로 만들었고, 가벼운 나무 썰매를 타고 그들은 돌아다녔다.[42)]

네네츠인은 종교적으로나, 정신적으로나, 하늘, 땅, 불, 강 등 여러 자연현상에 신이 존재한다고 믿는다. 하지만 유럽 지역 일부 네네츠인에게는 19세기 중반부터 러시아 정교가 전파되었다.[44)] 소련 시대에는 네네츠인의 생활과 문화에 상당한 변화가 있었는데, 이에 따라 1930년대 이후 유목생활에서 벗어나 차츰 정착하는 사람이 늘었다. 네네츠인 대부분이 수산 업체에서 근무하거나 정주 생활을 하게 되었고, 일부 네네츠인은 개인 농장을 만들어 순록을 방목하여 키웠다.

[그림 9] 네네츠인의 전통 천막집[43)]

순록 사육인의 가족은 때때로 거처를 옮겼지만, 대부분은 나리얀-마르시나 코미 공화국의 살레하르트 시(город Салехард)와 페초라 시(город Печора) 등에서 거주하면서 산업 및 서비스업에 종사하였다. 네네츠인 사이에서 지식인도 점차 늘어났다.[45)]

현재 러시아 북방 원주민 중 네네츠인은 수가 가장 많은 인종 중 하나이다. 러시아 전체에 약 4만여 명의 네네츠인이 사는 것으로 추산되며([그림 10] 참조), 이들은 네네츠 자치구 외에 야말-네네츠 자치구에 가장 많은 약 2만 7천 명이 살고 있고, 튜멘 주(Тюменская область), 크라스노야르스크 변강주(Красноярский край)에서도 소수민족을 이루며 살고 있다.[46)] 인근 지역으로는 코미 공화국의 북부 지역, 아르한겔스크 주의 북부와 동부 지역에도 네네츠인 다수가 거주하며 네네츠 자치구의 네네츠인과 연결되어 있다.[47)]

네네츠인은 평균 신장이 작은 편이고, 얼굴은 넓고 평평하며, 코가 튀어나온 편이고, 머리칼은 곧고 두껍다. 수염은 잘 자라지 않으며, 눈꺼풀이 안쪽으로 접혀 있고, 눈동자와 머리카락 색은 검거나 갈색이며 피부

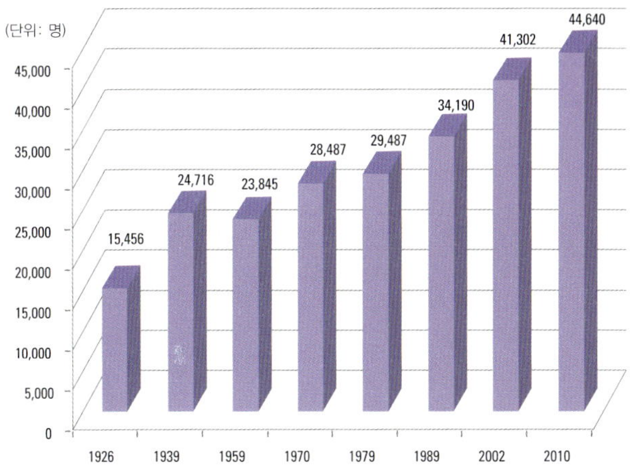

[그림 10] 러시아 내 네네츠인의 증가 추이[48)]

도 거무스름하다.

인류학적으로 볼 때 네네츠인은 우랄 소수인종과 연관되어 있지만, 그들에게는 백인종과 몽골로이드(Mongoloid)에서 나타나는 인류학적 특징이 조합되어 있다. 네네츠인은 광범한 지역에 분포되어 있는데, 그들은 크게 툰드라 네네츠인(тундровые ненцы)과 산림 네네츠인(лесные ненцы) 두 집단으로 나뉜다. 전자는 19세기 말부터 콜라 반도(Кольский полуостров)에서 예니세이 강 하류 우안까지의 지역에 퍼져 살고 있고, 후자는 오비 강과 예니세이 강 사이의 타이가 지대에 살고 있다.[49] 기본적으로 산림 네네츠인에게서 몽골로이드 성향이 덜 나타나고 있다. 또한, 네네츠인은 동쪽에서 서쪽으로 갈수록 인류학적으로 몽골로이드 성향이 떨어지는 집단들로 이어지고 있다. 이처럼 아시아 우랄 계통 인종의 특징을 지니고 있으면서도 거주 지역에 따라 유럽과 가까운 쪽에 사는 네네츠인은 유럽 인종적 요소를 더 많이 보이고 있다.[50]

네네츠인의 양 집단은 문화적인 면에서 다소 차이가 있다. 툰드라 네네츠인은 기본적으로 순록 사육으로 삶을 영위한다. 그들은 여름에는 툰드라 북쪽 지대로, 겨울에는 산림 툰드라 지대로 순록 무리를 이끌고 매년 방목지를 바꾸면서 유목생활을 한다. 그들의 생활 문화는 유목생활에 맞추어져 있는데, 예를 들어 이동식 천막집, 고도로 전문화된 순록 운송, 생활용품의 최소화 등을 꼽을 수 있다. 인간에게 필요한 모든 용품이 순록 사육을 통해 획득된다. 낚시, 물새 사냥, 모피 제작은 계절에 따라 행해지는 부분적인 경제 활동이다. 반면, 산림 네네츠인의 문화에는 순록 사육이 많이 발달하여 있지 않으며, 그보다는 사냥과 낚시가 기본적인 경제 활동이다. 또한, 주택, 의복, 운송, 음식, 식기 등의 생활 문화에도 많은 차이점이 있다.[51]

하지만 네네츠인 중 양적으로는 툰드라 네네츠인이 대부분인데, 그들 중 다수는 네네츠 자치구와 야말-네네츠 자치구에 거주하고 있다. 산림 네네츠인은 약 1,500명이다. 그들은 야말-네네츠 자치구의 남동쪽 푸르 강(река Пур)과 타스 강(река Таз) 연안, 그리고 한티-만시 자치구(Ханты-Мансийский автономный округ - Югра)에 살고 있다. 또한, 크라스노야르스크 변강주의 타이미르스키 군(Таймырский(Долгано-Ненецкий) район)에도 상당수의 네네츠인이 거주하고 있다. 제3의 집단으로 코미 네네츠인을 꼽기도 한다. 이들은 네네츠인과 코미의 이제메츠인(ижемцы) 사이에 혼혈이 일어나면서 나타나게 되었다.[52)]

[그림 11] 네네츠인 썰매[53)]

네네츠인은 천 년에 걸쳐 혹독한 북극의 자연조건에 최대한 적응하면서 지금의 이 지역에서 개성 있고 독창적인 문화를 만들어 내었다. 네네츠인은 전통적으로 사냥, 어로, 순록 목축 등으로 연명해 왔다. 1930년대부터는 시베리아 벌판에 흩어져 있는 정부 관할의 공동체 마을에서 생활하며 집단농장에서 순록을 방목하였다. 네네츠인은 순록을 길러 고기, 지방, 피 등을 먹는다. 또한, 털가죽으로 옷, 신발, 겨울용 천막 덮개 등을 비롯한 생활용품을 만들며, 무두질한 가죽으로는 밧줄, 가죽 띠, 여름용 신발 등을 만든다. 힘줄은 실을 만드는 데 쓰며 뿔로 여러 가지 도구를 만든다. 70~100마리쯤 되는 순록만 있으면 한 가정에 필요한 모든 물건을 얻을 수 있다. 네네츠인의 사육방식은 효율적이어서 다른 지역 유목 종사자들이 모범으로 삼기도 한다. 그들은 순록 방목 외에 사냥하거나 물고기를 잡으며, 산업체 근로자 등으로 일하기도 한다.[54)]

성인 가운데 적절한 기본교육을 받은 이는 많지 않으며, 아이들이 교

[그림 12] 네네츠인 가족[56)]

육을 받기 위하여 가족과 떨어져 기숙학교에서 생활하는 경우가 많다. 가계는 부계를 통해 이어지며, 같은 조상을 가진 씨족들은 묘지와 제단, 씨족을 나타내는 상징 및 표지를 함께 사용할 뿐만 아니라 땅도 공동으로 소유한다. 그들은 씨족 기반의 사회 구조를 지녔고, 같은 씨족끼리는 결혼하지 않으며 여성은 종속적인 지위에 놓여 있다. 근대화 과정에서 오늘날 과거의 독창적이고 전통적인 생활방식은 많이 사라져 가고 있다. 하지만 오늘날 네네츠인은 국가 권력과 지방자치 기구에 중요한 대표자로 참여하고 있고, 네네츠 자치구 행정부에서 북방 토착 소수민족업무부(Управление по делам коренных малочисленных народов Севера) 일을 담당하고 있다.[55)]

5. 언어

고대 네네츠인은 상형문자를 이용했던 것으로 보인다. 자신들의 물건을 구분하기 위해 가족별로 '탐가'라고 불리는 표식을 사용했는데 여기에서 상형문자의 흔적을 엿볼 수 있다. 19세기 초에는 동방 정교회 전도사들이 러시아 알파벳을 이용해 네네츠어 고유 문자를 만들려고 시도하였으며, 이를 이용하여 1830년대에 스미르노프(В. Смирнов)가 몇몇 종교 서적을 인쇄하였다. 그 후 1895년에 최초로 네네츠어 문자로 된 책이 몇 권 출판되었는데 그다지 성공적이지는 못했다.[57)]

1931년(혹은 1932년이라고도 알려져 있음)에는 라틴어에 기초하여 프로코피예프(Г. Н. Прокофьев)가 네네츠어 문자를 만들었다. 그 글자는 툰드라 네네츠어를 중심으로 만들어졌고, 교과서, 신문, 문학작품에서 쓰이기 시작했다.[58] 하지만 1936년에 네네츠어 문자는 다시 러시아 알파벳으로 만들어졌으며, 1937~38년에는 소연방 내에 있는 다른 민족에게도 네네츠어 문자가 보급되었다.[59]

네네츠어 사용인구는 네네츠 자치구, 야말-네네츠 자치구, 크라스노야르스크 주 북쪽(예전의 타이미르 자치구), 코미 공화국, 무르만스크 주(Мурманская область) 동부의 콜라 반도(Кольский полуостров)에 집중되어 있다.[61] 네네츠어는 에네츠어, 은가나산어와 함께 우랄어족의 사모예드어파에 속해 있으며, 크게 툰드라 네네츠어와 산림 네네츠어 두 개의 방언으로 구성되어 있다. 이 두 언어는 때때로 똑같은 언어로 취급

[표 4] 네네츠어 개관[60]

언어구사 지역	네네츠 자치구, 야말-네네츠 자치구, 크라스노야르스크 주 내의 타이미르스키 군, 코미 공화국, 무르만스크 주
공식 언어 지역	네네츠 자치구
총 언어 구사자	31,311명 (2002년 인구조사)
상태	소멸 위기 언어
범주	유라시아어(Языки Евразии)-우랄어족(Уральская семья)-사모예드어파(Самодийская ветвь)-북부어군(Северная группа)
문자	키릴 문자(네네츠 알파벳)
ГОСТ 7.75-97	нен 482
ISO 639-1	—
ISO 639-2	—
ISO 639-3	yrk

되기도 하지만 사실 매우 다르며 연관성도 낮다. 툰드라 네네츠어는 카닌 반도에서 예니세이 강 일대에 걸쳐 약 3~4만 명이 사용한다. 툰드라 네네츠어는 다시 서부어와 동부어로 나뉘어 있는데, 양 언어를 구사하는 사람들 간의 소통에서 서로 이해하는 데에 별 지장은 없다. 산림 네네츠어는 1,000~1,500명 정도가 아간 강(река Аган), 푸르 강(река Пур), 랴민 강(река Лямин), 나딤 강(река Надым) 주변에서 사용한다.[62] 산림 네네츠어는 독특한 음색의 특징이 있는데, 이 때문에 툰드라 네네츠어 구사자와 언어 소통이 다소 힘들다. 산림 네네츠어는 다시 여러 개의 방언으로 나뉜다.[63]

이 두 네네츠어는 모두 러시아어로부터 영향을 많이 받았으며 툰드라 네네츠어는 코미어와 북 한티어로부터, 산림 네네츠어는 동 한티어로부터도 영향을 많이 받았다. 툰드라 네네츠어는 과거부터 기록이 많이 있지만, 산림 네네츠어는 기록이 많지 않다.[64]

1930년대부터 네네츠인은 러시아인과 본격적으로 교류하기 시작했다. 소비에트 정권이 들어서면서 네네츠인은 사회적으로도 관념적으로도 많은 변화를 겪게 되었다. 언어도 이때부터 본격적으로 섞이기 시작했다. 소비에트 정권과 네네츠인의 교류는 러시아화 정책이 집중적으로 추진되었던 1970년대에 정점을 이루었다. 이후 네네츠인 대부분이 러시아어를 구사할 수 있게 되었다. 반면 젊은이들 사이에서는 네네츠어가 점점 잊히고 있다. 아래의 표에서도 보이듯 1980년대 이후 네네츠인 사이에서 네네츠어 구사자는 80% 이하로 떨어졌다.

[표 5] 네네츠어 구사자 추이[65]

	인구 수(명)	네네츠어 구사자
1897	9,427 (추정)	–
1926	17,560	–
1959	23,007	84.7 %
1970	28,705	83.4 %
1979	29,894	80.4 %
1989	34,665	77.1 %

오늘날 네네츠어로 출판되는 신문으로는 '냐르야나 네름(Няръяна Нэрм)'이 있고, 네네츠어가 일부 실리는 신문으로는 '냐르야나 빈데르(Няръяна вындер)'와 '타이미르(Таймыр)'가 있다.[66] 이러한 출판물들을 통해 네네츠어가 명맥을 유지하고 있지만, 그 힘은 계속 약화되고 있다.

[표 6] 간단한 네네츠어[67]

안녕하세요!	나니 토로바 (Нани' торова!)
안녕하세요! (낮 인사)	사바 얄랴 (Сава яля!)
안녕히 가세요!	라캄보이 (Лакамбой'!)
좋습니다!	사바 숀쟈 (Сава сёнзя!)
그렇습니다.	안 (Ань)
아닙니다.	니듬 (Нидм)
감사합니다.	나르카 바다 (Нарка вада!)
당신은 네네츠어를 할 줄 압니까?	네네챠 바다브나 라하나다 (Ненэця' вадавна лаханада?)

6. 종교

네네츠인의 약 95%가 샤머니즘을 신봉하며 일부는 러시아 정교를 믿는다. 그들은 토지와 자원을 중시하는 샤머니즘적 신앙 체계를 가지고 있다. 네네츠 무당은 타디뱌(тадибя)라고 한다.[68] 일찍이 러시아 정교가 들어오기 시작했으나 샤머니즘은 오늘날에도 남아 있으며, 샤머니즘을 통한 자연숭배 의식은 여전히 강하다. 서로 다른 능력을 갖춘 샤먼이 여러 부류 있는데, 가장 높은 신령과 접촉하고 마법을 부릴 수 있는 샤먼이 있는가 하면, 사람을 악령으로부터 보호하거나 죽은 사람의 영혼과 이야기하고 장례식에 관여하는 샤먼도 있다.[69]

[그림 13] 나리얀-마르 시의 성모현현 사원[70]

네네츠인에 대한 선교는 일찍이 다양하게 이루어졌는데, 유럽 지역 네네츠인의 기독교화는 19세기 1820년대에 시작되었다. 베니아민(Вениамин: 본명은 스미르노프 바실리 니키포로비치(Смирнов Василий Никифорович) 승원관장(архимандрит)이 주도하는 선교단은 1826~27년에 툰드라 네네츠인의 개종을 시도하였다. 설교는 네네츠어로 진행되었고, 세례식이 관대하게 이루어졌기 때문에, 당시 사람들은 네네츠인의 기독교 교리 의식이 느슨하였다고 지적한다. 하지만 개종 활동과 함께 선교사들은 네네츠인의 샤먼 영지를 공격적으로 파괴하였다. 1826년 바이가치 섬(остров Вайгач)에서 선교단은 420개의 목조 '우상'을 불태웠고 십자가를 세웠다. 1830년까지 3,303명의 네네츠인이 세례를 받았다. 계속해서 교회 건축을 담당하는 종교 건축위원회가 설립되었다. 그들의 활동은 기본적으로 툰드라 네네츠인이 거주하는 지역에 러시아 정교를 확산시키기 위한 것이었다. 더 나아가 교회가 들어서면서 선교학교도 문을 열게 되었는데, '이민족'이었던 네네츠인 사이에서 이제 성직자도 탄생할 수 있게 되었다.[71)]

이와 같이 네네츠인을 개종시키는 일은 이미 19세기 초에 시도되었는데, 네네츠 자치구 외의 지역에서도 다양한 선교가 이루어졌다. 1824년에 아르한겔스크 시(город Архангельск)에 대형교회가 세워지고 러시아 정교식 세례가 대대적으로 이루어지면서 종교의 많은 확산이 이루어졌다. 또한, 1832년 오브도르스크(Обдорск)에 선교단이 설립되면서 체계적인 선교활동이 시작되었다. 이곳은 오늘날의 살레하르트이며, 현재 야말-네네츠 자치구(Ямало-Ненецкий автономный округ)의 수도이다. 계속하여 1846년에 포포프 표트르 알렉산드로비치(Попов Пётр Александрович)라는 성직자가 오브도스르크 교회에 최초로 러시아 정교식 학교를 세우고 러시아어와 신식학문을 가르쳤다. 하지만 여기에는 러시아화 된 한티인과 네네츠인의 자녀만 다닐 수 있었다. 결국, 이러한 선교

[그림 14] 나리얀-마르 시의 성모현현 사원 내부[73)]

[그림 15] 나리얀-마르 시의 성모현현 사원 내부 이콘화[74)]

활동이 모두 의미 있는 성과를 거두지는 못했다. 시베리아에 거주하는 네네츠인은 실질적으로 선교활동으로 포섭되지 못하였고, 이것은 야말(Ямал) 지역에서도 비슷한 상황이었다.[72)]

네네츠 문화에 기독교가 들어오면서 그들의 종교에 혼종성이 나타나게 되었다. 정교의 영향을 받으며 네네츠인의 최고 신인 눔(Нум)은 러시아 정교의 하나님처럼 되었다. 정령의 신전에는 수호 공예품인 '샤다이-미콜리(Сядай-Миколы)'를 대신하여 성 니콜라스(св. Николай)가 등장하게 되었다. 네네츠인은 러시아 정교 공휴일들을 기념하게 되었고, 정교 십자가를 소지하게 되었으며, 일상적으로 집 내부를 이콘으로 장식하게 되었다. 생활 속의 정교적 요소들은 러시아 주민과 네네츠인의 다양한 접촉으로 전파되었다.

그럼에도 종교의 혼종 상황에 대한 모든 요소를 고려해 볼 때 기본적으로 기독교 신앙은 네네츠인에게 표면적으로만 영향을 미쳤고, 네네츠인의 전통적인 종교 신념을 근본적으로 바꾸지는 못하였다고 평가된다.

북극의 별

네네츠

III

역사:
순록의 땅에서 북극의 석유채굴지로

1. 고대 및 중세 네네츠인의 이주와 러시아화

현재의 네네츠 자치구 지역에 인간이 최초로 거주하게 된 시기는 기원전 8천 년경 구석기 시대까지 거슬러 올라간다. 또한, 기원전 1~2천 년 경의 청동기 시대 유적도 여기저기 발견되고 있다. 기원후 5~8세기경 이곳에는 러시아인이 '페체라(печера)'라고 이름을 붙였던, 혹은 네네츠인이 '시르탸(сиртя, 혹은 시히르탸(сихиртя))'라고 불렀던 미지의 종족이 살았던 흔적이 있다. 그 문화의 흔적은 오르틴스코예 유적(Ортинское городище)과 그닐카 강(река Гнилка)과 바이가치 섬(остров Вайгач)에 있는 사원에서 발견되고 있다. 이에 대해 확실한 물적 근거가 있는 것은 아니지만, 네네츠인 전설에는 '시르탸'라는 지하의 영혼이 등장하고 있고, 이 영혼은 이곳으로 이주해 온 네네츠인과 본래 이곳에 거주하고 있던 원주민과의 조우 상황이 반영되어 탄생한 인물이라고 간주된다.[75]

현재의 영토에 네네츠인이 거주하게 된 기간은 약 천 년 정도로 보고 있다. 그들 민족의 기원은 본래 남부 시베리아의 사모예드인과 툰드라와 산림 툰드라 지대 원주민 일부가 합쳐진 결과 시작된 것으로 언급된다.

그런데 여기에는 몇 가지 가설이 존재한다.[76)]

* 스트랄렌버그(Philip Johan von Strahlenberg) 이론

사모예드어에 속한 언어를 사용하는 부족의 영토가 얼마 전까지만 해도 남시베리아 산맥에 있는 사얀스코예 고원(Саянское нагорье)에 있었는데, 이 때문에 스트랄렌버그는 사얀스코예 고원의 사모예드인은 북극지방 사모예드인의 후손이라는 명제를 내놓았다. 즉, 북극지방 사모예드인이 본래 원주민이었고, 그중 한 일파가 어떤 원인으로 영향을 받아 남쪽으로 내려와 사얀스코예 고원에 거주했다는 것이다.

* 피셰르(И. Э. Фишер) — 카스트렌(Matthias Alexander Castrén) 이론

피셰르는 정반대의 입장을 표명했는데, 그는 북쪽의 사모예드인(самоеды; 현대의 네네츠인(ненцы), 은가나산인(нганасаны), 에네츠인(энцы)의 조상)이 사얀스코예 고원 사모예드인의 후예들이며 그들이 남시베리아로부터 북쪽으로 퍼진 것이라고 주장하였다. 19세기 피셰르의 이러한 주장은 방대한 언어학적 자료에 의해 뒷받침되었고, 카스트렌도 또한 이 주장에 동의했다. 카스트렌은 첫 번째 천 년기(millennium)에 이른바 민족의 대이동 과정에서 사모예드 부족이 터키에 의해 축출되어 사얀스코예 고원의 경계를 벗어나 북쪽으로 향했다고 추정했다. 하지만 1919년 아르한겔스크 북쪽 지역을 연구했던 질린스키(А. А. Жилинский)는 이 이론에 대해 비판적 견해를 밝혔다. 그의 기본적인 논점은 그 이주 이후 양자의 생존 방식에서 해당 지역의 자연조건을 이용하는 행태에 큰 차이가 나타나게 되는데, 그러기에는 시간이 너무 짧았다는 것이다. 즉, 현대 네네츠인은 목축에 의지하여 살았지만, 사얀스코예 고원에 거주하는 민족은 농경에 의존하였다.

* 프로코피예프(Г. Н. Прокофьев) 이론

피셰르와 카스트렌의 이론을 근거로 하되 소련의 과학자인 프로코피예프는 이에 대해 몇 가지 수정을 가하였다. 그의 가설을 따르면 현대 네네츠인, 은가나산인, 에네츠인, 셀쿠프인(селькупы)의 조상은 사얀스코예 고원의 부족일 뿐만 아니라, 네네츠인은 고대부터 오비 강(река Обь)과 예니세이 강(река Енисей) 사이의 분지에 정착해 살고 있던 북극지방 원주민 부족과도 일부 합쳐진 결과 출현하였다는 것이다.

이와 같이 여러 가지 설들이 있고, 이 중에서 확실한 근거로 뒷받침되는 정설이 정립되지는 못했지만, 대체로 천 년 전인 약 11~12세기경 오비 강 하류 등 시베리아 남쪽 지역에 살던 사모예드인 중 일부가 북극해 일대로 이주해 오고, 또 북극지방에 살고 있던 토착민과 서로 섞이면서 형성된 것이 오늘날 네네츠인의 기원이라고 볼 수 있다. 이들은 향후 수 세기에 걸쳐 북극해의 콜라 반도(Кольский полуостров)에서 타이미르 반도에 이르기까지 퍼지게 되었다. [그림 16]에 적색으로 표시된 지역이 사모예드어 전체 분포 지역이다. 이중 가는 점선과 밝은 적색 지역은 17세기, 진한 적색 지역은 20세기 분포 지역이다. 하단 오른쪽에는 사얀스코예 고원의 사모예드어 분포 지역이 표시되어 있다.

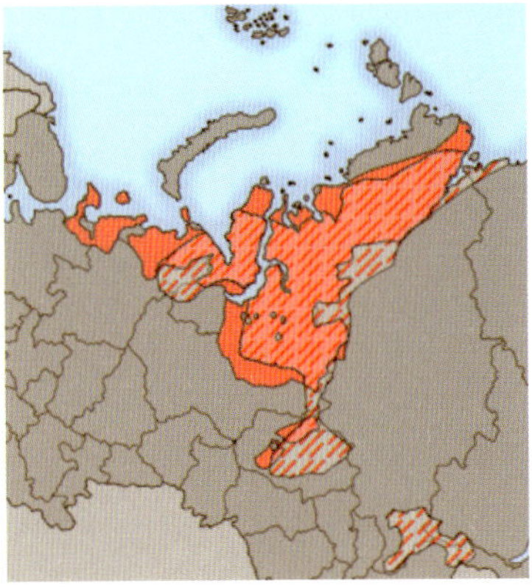

[그림 16] 사모예드어의 지리적 분포[77)]

네네츠인에 대한 문서로 된 첫 번째 기록은 11세기 '원초연대기('러시아연대기'라고도 불린다)'에 나타난다. 원초연대기는 약 850~1110년 시기의 역사서로서 네스토르(Нестор) 수도사에 의해 1113년경 편찬되었다. 원초연대기에 따르면 키예프 공들이 페초라(Печора)와 유그라(Югра) 지역 일대를 지배하였고 공물을 체계적으로 수집하였다. 하지만 노브고로드(Новгород)가 러시아 유럽 지역의 북쪽 끝과 동쪽 끝 부분까지 세력을 확장하였다. 그리하여 키예프 러시아는 노브고로드의 지배하에 들어가게 되었고, 키예프 러시아의 북동쪽 영토 전체도 마찬가지 사정이 되었다. 페초라 강 일대에 대한 노브고로드의 지배는 13~15세기경 확립되었으며, 네네츠인은 노브고로드 공국에 조공을 바치게 되었다.[78)]

하지만 다시 15세기 말엽 노브고로드의 지배력이 약화되었고, 그 영토는 모스크바 공국으로 넘어가게 되었다. 노브고로드가 1478년 모스크바에 병합된 후 오늘날 네네츠 자치구 영토에 해당하는 지역도 모스크바 공국의 지배를 받게 되었다. 1499년에는 페초라 강의 세묜 쿠릅스키(Семён Курбский) 공의 군대가 푸스토죠르스크(Пустозёрск: 사람이 살고 있지 않은 호수를 의미함)에 국경요새를 건설하였고, 이곳은 이 지역 일대의 상업, 문화, 군사 및 행정의 중심지가 되었다.[79)] 현재는 사라졌지만, 이 도시는 1780년까지도 메젠(Мезень)에서 우랄(Урал) 지역까지 모든 토지의 관리 및 상업의 중심지였다.[80)]

[그림 17] 19세기 네네츠인[81)]

16세기 말부터 서시베리아까지 세력을 확장한 러시아인은 1628년에 크라스노야르스크(Красноярск)에 요새를 건축하고 사모예드인을 자신의 세력권에 편입시켰다. 사모예드인은 러시아인의 지배에 대항하여 반란을 계속 일으켰다. 징세 관리나 주변을 지나가는 상인, 러시아 성채가 이들의 주요 공격 대상이었다. 18세기에 이 지역 러시아인의 거점인 푸스토죠르스크 요새에 대대적인 공격이 6차례 있었으며, 사모예드인에게 총기가 전해지면서 공격은 더욱 강해졌다.

네네츠인은 외부사정에 어두웠기 때문에 러시아 상인은 차, 설탕, 밀가루, 담배나 화약 같은 물품을 터무니없이 비싼 가격에 팔았으며 이 때문에 네네츠인은 상인에게 빚을 지기 일쑤였다. 네네츠인은 주로 모피로 빚을 청산했다.[82]

18세기까지 이 지역은 행정적으로 메젠스키 군(Мезенский уезд)이었다. 1780년에 조성된 메젠스키 군은 당시 아르한겔스크 현(Архангельская губерния)에 속했고, 이곳은 대략 오늘날 네네츠 자치구 영토에 해당하는 위치다. 1785년에는 푸스토죠르스크를 포함한 12개 읍(волость)이 메젠스키 군에 더 포함되었다.[83] 1891년에는 페초르스키 군(Печорский уезд)이 건설되었고, 1896년에는 네스카야 읍(Несская волость)이 만들어졌다. 이와 같이 네네츠 자치구라는 독립적인 행정 단위 이전에 이 지역은 아르한겔스크 주의 메젠스키 군에 속했고, 그리고 코미 공화국의 이즈모-페초르스키 군(Ижмо-Печорский уезд)에도 부분적으로 속했다.[84]

페초라 강 하류와 바렌츠 해안에는 러시아인과 네네츠인 외에도 코미-지랴닌인(коми-зыряне), 코미-페르먀크인(коми-пермяки), 코미-이제메츠인(коми-ижемцы)도 살았다. 18세기에는 카닌 반도에 포모르인(помор; 백해와 북빙양 연안의 주민)도 거주하기 시작하였다.[85]

[그림 18] 모닥불을 피우고 있는 네네츠인[86]

이와 같이 러시아 유럽 지역의 네네츠인은 코미인과 가까이 접촉하게 되었고, 나중에는 러시아인과, 그리고 우랄산맥 넘어 한티인(ханты), 만시인(манси), 그 밖의 사모예드인과도 접촉하게 되었다. 이러한 교류는 네네츠인이 사용하는 다양한 외래어에서 증명된다. 네네츠인의 팽창 과정은 계속되었는데, 19세기 1870년대에는 네네츠인이 콜라 반도와 노바야 제믈랴(Новая Земля: 북쪽의 반도와 섬이며 후에 이곳이 핵 실험 장소로 이용되면서 주민이 퇴거함)로도 이주를 했다. 그런데 이 이주는 노르웨이 침공에 대비한 안보적 목적에서 러시아 제정에 의해 반강제적으로 이루어졌다고 얘기된다.[87]

2. 20~21세기 네네츠 자치구의 근대화 과정

20세기 초까지 네네츠 자치구 영토는 주로 아르한겔스크 주의 일부로서 관리되었다. 하지만 소비에트 정권이 들어서고 공식적으로 1929년 7월 15일에 이 지역은 '북방 변강주의 구 및 군의 구성과 그 중심부에 대하여(О составе округов и районов Северного края и их центрах)'라는 법령에 따라 네네츠 민족구(Ненецкий национальный округ)라는 독립적인 행정 단위가 되었다. 민족구라는 형태는 러시아연방 내 북극에서는 최초였으며, 러시아연방 전체에서는 코미-페르먀크 민족구(Коми-Пермяцкий национальный округ) 다음 두 번째로 만들어진 것이다.[88] 지금의 네네츠 자치구(Ненецкий автономный округ)라는 명칭은 1977년 10월 7일에 만들어졌다.[89]

1929년 네네츠 민족구가 만들어졌을 때 그곳에는 당시 카니노-티만스키 군(Канино-Тиманский район), 구 메젠스카야 읍(Мезенская волость)에 속해 있던 옴스키 읍(Омский сельсовет)과 페시스키 읍(Пешский сельсовет), 구 페초르스키 군(Печорский уезд)에 속해 있던 텔비소치노-사모예츠키 군(Тельвисочно-Самоедский район), 코미 공화국의 이즈모-페초르스키 군(Ижмо-Печорский район) 등이 포함되었다. 또한, 이때 카니노-티만스키 군과 '대토지 군(Большеземельский район)' 등 두 개의 행정 구역이 구획되었다. 1929년 12월에는 푸스토죠르스카야 읍(Пустозёрская волость)과 몇몇 섬이 추가로 들어왔다. 1934년에도 바이가치 섬을 포함한 몇몇 섬이 민족구로 포함되었다. 1935년에는 나리얀-마르(Нарьян-Мар)가 도시의 지위로 승격되었다.[90)]

하지만 1937년 네네츠 자치구는 다시 아르한겔스크 주로 편입되어 관리되기 시작했다.[91)] 1940년 7월에는 네네츠 자치구 내에 세 번째 행정 구역으로 암데르민스키 군(Амдерминский район)이 새로 생겼다. 하지만 1959년 11월 23일에는 모든 행정 구역이 폐지되고, 보르쿠타 도시형 부락(посёлок Воркута)을 포함한 몇몇 지역이 코미 공화국 관할로 넘어갔으며, 이 경계는 현재까지 유지되고 있다.[92)]

1993년에는 러시아연방 헌법(Конституция Российской Федерации)에 따라 네네츠 자치구는 러시아연방을 구성하는 평등한 권리의 주체가 되었다.[93)] 2006년에는 자폴랴르니 군(Заполярный район)이 지방자치 군으로서 러시아의 가장 신생 지구 중 하나로 설립되었다. 자폴랴리예(Заполярье)는 '북극지대'라는 의미인데, 그 지구의 지역 대부분이 북극권에 있기 때

[그림 19] 나리얀-마르 시의 신시가지[94)]

문에 이러한 이름이 붙여졌다.

20~21세기에 걸쳐 네네츠 자치구에 있었던 행정적 변화를 얼핏 살펴보아도 그것이 매우 복잡하게 진행되었음을 알 수 있다. 그것은 사실 네네츠 자치구의 독립성을 어떻게 하면 확보할 수 있는가의 문제와도 연관된 것이었다. 그 기나긴 여정을 기술하면 다음과 같다.

러시아 북방 민족의 영토 자치를 위해 1929년 네네츠로부터 시작된 민족구(национальный округ) 형태로의 전환 작업은 1937년 9월 아긴 부랴트-몽골 민족구(Агинский Бурят-Монгольский национальный округ)와 우스티-오르다 부랴트-몽골 민족구(Усть-Ордынский Бурят-Монгольский национальный округ)를 창설하는 데까지 진행되면서 일단락되었다. 이러한 민족구들이 형성되면서 다음과 같이 두 가지 당면 과제를 해결할 필요가 있었다. 첫 번째는 토착민족의 보호, 그리고 그들의 거주 환경 및 문화의 보전, 두 번째는 북방 변경에 있는 토착 소수민족을 사회주의 건설 과정으로 끌어들이는 일이었다.

민족구의 창설은 북극에서 소비에트 정부의 민족 정책을 현실화할 수 있는 방안 중 하나였다. 1920년대 소비에트 정부와 민족구 지도부는 러시아 변경의 잔여 민족을 새로운 사회를 건설하는 과정으로 점진적으로 끌어들였다. 이들은 소수민족의 전통적인 생활 형태와 활동의 특수성을 고려하였고, 또한 소수민족 경제가 지니는 전통성과 형태에 대해서도 세심하게 배려하였다.

이러한 과정에서 북방 민족의 새로운 생활 형태의 건설과 그 참여 방법이 본격적이고 구체적인 차원에서 새롭게 논의되기 시작했다. 첫 번째 안은 외부로부터 이주자들의 접근을 금지하고, 북방 민족들에게 일정 영토를 이용하게끔 내어주는 방식의 이른바 '보호 영토'를 창설하는 것이었다. 또 다른 안은 북방 민족도 모든 국민과 함께 사회·경제적 다양성을 극복하고 나라의 영토를 개발해 나가는 데에 적극 동참하여야 한다는 것이었다. 사실 그들 주장의 근저에는 나라가 경제적, 정치적으로 발전하기 위해서 불가피하게 북방 영토도 산업화되고 발전될 필요가 있다는 생각이 깔렸었다. 현대사에서 양 노선의 지지자는 각각 '전통주의자(традиционалист)'와 '근대화주의자(модернизатор)'라는 별칭을 얻게 되었다.

1930년대 후반에서 1940년대에 민족구의 법적인 형태가 구체화되었고, 기본적으로 이 기간에 북방 영토의 민족·국가적 건설 과정이 완료되었다. 국가는 북극을 산업화하여 개발하기 시작하였고, 소수민족을 새로운 사회의 건설로 신속히 동참시켰다. 북극은 이제 전 국가적 차원에서 현대화 과정으로 인입되기에 이른 것이다. 새로운 사회의 건설과 여기에 북방 민족을 끌어들이는 과제를 민족구의 지도부가 적극 담당하게 되었는바, 그것은 대표적으로 다음과 같은 것들이었다. 첫째, 북방 민족의 문맹과 문화적 후진성의 극복, 둘째, 국가요원의 양성, 셋째, 유목민의 정착 유도 등이었다.[95] 또한, 이 시기에는 네네츠 자치구와 외부 지역, 그리고 지역 내를 연결하는 도로, 철도, 항구 등 교통망의 건설이 시도되었다.[96]

1936년 사회주의 헌법은 민족구를 인근 주에 포함된 한 부분으로 정의했다. 북극에서 민족지역 구역제(национально-территориальное районирование)는 사회적, 경제적 국가 정책을 실질적으로 현실화하고 보장할 수 있는 행정지역 구역제(административно-территориальное районирование)로 점차 변모되었다.

이와 같이 네네츠 자치구의 근대화 과정은 1920년대부터 소비에트 정부에 의해 북극 지역과 이곳 소수 민족을 국가체계로 포섭하기 위한 구상으로부터 시작되어 1930년대에 본격화된 다음, 대체로 1930년대 후반에서 1940년대에 일단락되었다.

그 후 석유와 가스 탐사가 이루어지고 북방 영토의 산업 개간이 활성

[그림 20] 나리얀-마르 시의 관공서[97]

화된 1950년대 후반부터 정부는 이 지역에 새로이 관심을 표명하기 시작하였다. 유목민을 정주시키고, 경제를 활성화시키며, 발전성이 없는 도시형 부락을 정비하였다. 유목민을 정착시키는 데에는 여러 가지 문제가 있었는데, 그들의 활동 범위와 경계가 모호한 점도 있었다. 예를 들어 순록 떼가 계절에 따라 이곳저곳으로 방목되었는데, 그 지역이 어떤 때는 네네츠 민족구에 속해 있고, 또 어떤 때는 코미 공화국에 속해 있기 때문이었다.

또한, 1950년대에 북방에서 산업이 활성화되면서 민족구의 경계에서 변화가 나타나기도 했다. 즉, 경제적 요인에 따라 민족구의 경계선이 다시 그어지게 되었는데, 예를 들어 석탄을 추출할 수 있는 발전된 인프라를 지닌 코미 공화국으로 보르쿠타 도시형 부락(посёлок Воркута)과 할리메르 유 도시형 부락(посёлок Хальмер Ю)과 같은 석탄 채취 도시형 부락들이 넘어갔다.

다른 한편, 이러한 정책은 자신의 문화와 언어가 숨 쉬고 있는 삶의 터전으로부터 토착 민족이 분리되는 결과를 초래하기도 하였다. 1957년 3월 16일 '북방 민족의 경제 및 문화에 대한 향후 발전 조치(О мерах по дальнейшему развитию экономики и культуры народностей Севера)'라는 공산당 중앙위원회와 소연방 각료회의 법령의 채택은 토착 주민의 대부분을 인위적으로 나누고 이전시키는 기준이 되었다. 이 법령에는 집단농장을 활성화시키고, 북방 토착 민족을 도시형 부락으로 이주시키며, 또한 기본적으로 유목민의 거주방식을 정주형 삶의 형태로 전환하는 내용을 담고 있었다.[98] 이 과정에서 대기업들이 숲을 밀고 석유화학

공업단지를 건설하였고, 그 결과 환경파괴, 산성비 등으로 순록의 주식 원인 이끼가 오염되고 사람들의 건강이 위협받기도 하였다.

1960년대에서 1980년대 초까지 러시아의 석유 및 천연가스 산지로서 북방 영토의 산업 개발이 계속되었다. 네네츠 민족구에 있어서 이 시기는 산업 개발의 시기였다. 그뿐 아니라 1970년대 중동의 1, 2차 오일쇼크에 의한 반사이익을 통해 소연방은 석유수출로 국가의 부가 급속히 늘어나는 기대 밖의 '선물'을 받게 되었다. 바로 이때에 서 시베리아(야말-네네츠 자치구와 한티-만시 자치구)뿐만 아니라, 네네츠 자치구에서도 활발하게 석유 산지의 개발이 시작된 것이다.

북극 경제에서 석유 및 천연가스 탐사 작업의 발전은 동시에 순록 목장과 순록 개체를 축소시켰는데, 바로 토착 민족의 전통적 산업과 자원 개발 사이에 충돌이 일어난 것이다. 산업 개발의 결과 거주민의 인종적 구성도 변화되었다. 외부로부터 유입되는 이주민의 수가 늘었고, 그에 비하여 소수 민족의 비율은 낮아졌다. 이 기간이 모순적인 만큼 민족구의 사회·경제적, 그리고 산업 발전은 역동적이었다고 평가될 수도 있다.[100] 로스네프티(Роснефть)나 가스프롬(Газпром)과 같은 기업을 중심으로 석유 생산업은 계속 발전하였으며, 이곳의 여러 채굴지는 러시아의

[그림 21] 나리얀-마르 시청사[99]

석유수출을 확대시키고, 또한 국내 차원에서도 러시아 내 유럽 지역의 연료를 더욱 안정적으로 공급하는 근거지로 인정받게 되었다.[101)]

1977년 소연방의 헌법에 따라 민족구를 자치구로 변경하게 되었다. 형태상 이것은 그들의 지위를 국가차원의 민족 자치구로 높인 것이고, 내용상으로는 여전히 주(그리고 변강주)의 한 부분으로 유지되면서 그 주의 한 행정적 지역구성체와 동일시되는 것이었다. 이러한 방식으로 그 당시 러시아연방 내에 존재한 국가기구의 체계가 자치 공화국, 자치주, 자치구 등으로 정비되었다. 1930~70년대 기간에 각 자치구는 중앙 권력의 정책을 전파하는 주체로 인정받았다. 그러한 자치구의 지위에도 불구하고 그들은 또한 항상 특별한 영토로 취급되었다. 예를 들어 아르한겔스크 주의 1960년대 경제발전 보고서에서 네네츠 자치구에 관한 내용은 여러 산업 및 농업 지구 옆에 별도의 한 줄로 들어갈 뿐이었다. 또한, 법적, 재정적 독립성을 지니지 못한 채 자치구는 많은 사회적 문제들을 독자적으로 처리할 수 없었고, 기업의 산업 활동은 주, 공화국, 연방의 관청에 종속된 상태였다.

1980년대 말과 1990년대 초에 자치구는 자신의 지위를 높이고자 여러 방법을 적극 모색하게 되었다. 이 시기는 소연방 내 각 공화국에서는 물

[그림 22] 나리얀-마르 시에 있는 네네츠 자치구 정부 청사[102)]

론 북방 인종의 민족적 자각도 새롭게 일깨워진 때였으며, 각 자치구 지도부의 지원을 받는 북방 토착 소수민족협의회(Ассоцияция коренных малочисленных народов Севера)가 출범하게 되었다.

이제 각 자치구는 그들이 한 구성체로 속해 있는 주들과 관계를 개선하고자 했다. 실질적으로 1991년부터 네네츠 자치구와 아르한겔스크 주는 관리 대상과 권리의 경계에 대한 일련의 조약을 다듬기 시작하였다. 당시 소연방의 코미 공화국 행정부와 아르한겔스크 주 대표자들이 네네츠 자치구 행정부 임원들과 만났는데, 이것은 세 연방주체 간에 공동 협정을 체결하고자 한 네네츠 자치구 지도부 최초의 시도였다. 그것은 바로 석유 및 천연가스 채굴 산지인 티만-페초라 석유·가스 지역(Тимано-Печорская нефтегазоносная провинция)의 산업 개발과 경제적, 생태적 환경 문제에 대한 공화국, 주, 자치구 사이의 협정이었다.[103)]

더 나아가 각 자치구 지도부는 경제적 독립을 획득하기 위하여 자치구를 공화국으로 선포하고자 했다. 1992년 연방 조약(Федеративный договор)과 1993년 러시아연방 헌법(Конституция Российской Федерации)은 자치구를 영토상으로는 주(그리고 변강주)의 한 부분으로 유지하되 동시에 독립적인 러시아연방의 한 주체로 정의했다.[104)]

1992년 연방 조약에 따라 자치구의 지위가 상승되었어도 그 틀에서는 각종 사회적, 경제적 문제들을 해결하기 어려워 더 큰 차원의 정치적, 법적 독립성이 필요했다. 이렇게 자립적 연방주체로서 자치구를 논의하는 과정에서 1992년 마가단 주(Магаданская область)의 한 구성 부분으로 있던 추콧카 자치구(Чукотский автономный округ)가 독립하여 떨어져 나오게 되었다. 계속하여 1993년 평등한 러시아연방주체로서 자치구를 헌법 차원에서 정의하고 보장하는 법안이 마련되면서, 구와 주(변강주)의 조약에 따른 복잡한 상관관계의 재구성 작업이 전 국가 여기저기서 논의되기 시작하였다.

정치적, 법적 자치구의 독립성을 획득해 가는 과정은 때때로 극단적인 형태를 띠기도 했다. 아르한겔스크 주의 한 구성 부분으로부터 독립하는 것에 대한 네네츠 자치구 주민투표는 연방 중앙이 개입하면서 철회되었다. 1994년 3월 말 나리얀-마르 시에서 '아르한겔스크 주 및 네네츠 자치구 국가권력기관 간 상호관계에 대한 조약(Договор о взаимоотношениях между органами государственной власти Архангельской области и Ненецкого автономного округа)'을 서명하기 위해 양쪽 행정부 수반이 만나게 되었다. 이것은 러시아연방의 평등한 주체 사이의 조약(договор)이었으며, 이를 채택함으로써 주와 자치구 관계의 성격이 원칙적으로 변화되었다. 1996년에는 부가적인 협정(соглашение) 조문이 포함된 네네츠 자치구와 아르한겔스크 주 사이의 새로운 조약이 체결되었다.

이외에도 1996년 직전까지 각 자치구는 자신의 독립성을 나름대로 확보하는 절차와 과정을 다양한 방식으로 전개하였으며, 그것은 때때로 과격한 모습을 띠기도 했다. 결국, 대체로 1994~95년 사이에 진행된 각 자치구의 법령(устав) 채택과 1996년 각 자치구와 주들 간의 조약 체결은

[그림 23] 나리얀-마르 시의 스미도비치 거리(улица Смидовича)[105)]

그들 간의 관계를 연방주체 간의 평등한 관계로 재편시켰다. 국가적 차원의 한 민족구성체가 되기 위하여 네네츠 자치구는 아주 긴 역사의 길을 걸어 오늘에 도착하였다. 네네츠 자치구는 1920년대 민족·지역적 구성체 형태로부터 시작하여, 1930~80년대 주(그리고 변강주)의 틀 내에 존재하는 행정·지역적 구성체 형태를 거쳐, 1990년대에는 러시아연방의 독립적인 주체로까지 나아간 것이다.

[그림 24] 나리얀-마르 시의 내무부 관청[106]

2000년 5월 13일 푸틴 대통령은 러시아의 모든 지역이 러시아연방주체가 되어 7개 연방관구로 구성되는 명령서(указ)에 서명하였다. 그때부터 러시아에서 행정적 개혁이 시작되었다. 이제 자치구는 두 가지 중 하나를 선택하여야 한다. 첫째는 연방주체의 지위를 상실하는 것과, 둘째는 연방주체가 되어 러시아연방의 한 구성단위가 되는 것이다. 접경한 주의 한 구성 부분으로 존재하는 것은 더 이상 가능하지 않게 되었다. 그리하여 주와 자치구 간의 상관관계에 따라 다양한 통합 혹은 독립 과정이 진행되었다. 예를 들어 페름 주(Пермская область)와 코미-페르먀크 자치구(Коми-Пермяцкий автономный округ)는 통합되었다. 독립한 자치구들은 관련 주와 새로운 조약을 체결하여 자신의 독자성을 확인하고 독립적인 주체가 되었다. 네네츠 자치구와 아르한겔스크 주 사이의 조약 체결은 좀 늦게 2007년 말에 실현되었다.[107]

이러한 정치적, 행정적 변화 속에서 네네츠 자치구는 북방의 소수 민족인 네네츠인을 근대화 과정으로 끌어들였다. 새로운 경제적, 문화적 정책 속에서 엄청난 변화가 일어났지만, 그 과정에서 원칙적으로 토착 소수 민족도, 그리고 그들의 거주 환경도 보전하고자 노력했다. 하지만 그러한 노력이 얼마나 성공적이었는지는 되돌아 볼 필요가 있다. 1930년대 네네츠 자치구의 근대화에 대해서 사회·경제적, 그리고 문화적 측면에서 전체적으로 긍정적인 평가를 하지만, 부분적으로 특히 토착 유목민들에게 있어서는 부정적이었다고 본다. 이에 대한 사례로 소수인종의 전통적 생활양식이 쇠퇴하고 자립성이 약화되었으며, 또한 그들이 새로운 직업과 생활양식에 제대로 적응하지 못했다는 점을 들 수 있다.[109)]

무엇보다도 네네츠인에게 현실적 변화를 일으킨 첫 번째 계기는 바로 집단농장화였다. 1929년부터 시작되어 집단농장화는 20년 만에 완성되

[그림 25] 나리얀-마르 시의 신시가지 아파트 단지[108)]

었으며 주민을 집단화에 동조시키기 위해 세뇌와 정신교육 등이 이루어지기도 했다. 몇몇 순록 사육자들은 집단화에 대응하여 무장봉기를 일으켜 도시를 공격하기도 하였으며, 소련군은 이들을 진압하기 위해 항공기를 동원했다고도 한다. 반항적인 네네츠인 순록사육자들을 관리하기 위해 소련은 그들의 가족을 강제로 도시에 이주시켜 가족과 떨어뜨리고 순록 사육에만 전념하도록 조치하였다. 1957년부터 소련 정부는 네네츠인 미성년자가 의무교육 기간 무조건 가족과 떨어져 기숙학교에서 생활하며 교육을 받도록 규정을 만들어 시행했다.[110)]

이와 같이 20세기에 집단농장화, 도시형 부락 조성 등으로 많은 네네츠인이 이주되었고, 석유·가스 지역의 생산시설이 활발히 건설되면서 오늘날 네네츠인의 전통적 삶의 양식은 위협받고 있다. 비록 네네츠어는 아직 툰드라에서 사는 네네츠인 사이에 비교적 잘 보존되고 있지만, 21세기에 가속화되고 있는 석유·가스를 비롯한 자원 개발 탓에 네네츠인의 운명이 앞으로 어떻게 될지는 가늠하기 힘들다.

북극의 별

네네츠

IV

정치 및 행정: 정치 · 행정개편과 수도 나리얀-마르

1. 정치 수반 및 의회

• 자치구 지사

2006년 6월 2일 당시 블라디미르 푸틴 대통령은 네네츠 자치구 지사인 알렉세이 바리노프(Алексей Баринов)를 해임하였다. 그는 2006년 5월 23일 거금의 사기 및 착복 죄로 기소당한 바 있다. 그리고 네네츠 자치구 발레리 포타펜코(Валерий Потапенко) 최고 연방 검사관이 임시로 자치구 지사 대리로 임명되었다. 2006년 8월 7일 네네츠 자치구 의회(Собрание депутатов Ненецкого автономного округа)는 푸틴 대통령의 추천에 따라 만장일치로 발레리 포타펜코를 구지사로 확정했다. 그 후 2009년 2월 24일 다시 네네츠 자치구 의회는 드미트리 메드베데프 대통령의 추천에 따라 과반수의 찬성으로 이고리 표도로프(Игорь Фёдоров)를 새 구지사로 임명하였다.[111)]

[표 7] 네네츠 자치구 역대 구지사 명단[112]

재임기간	이름
1991~1996	유리 코마롭스키(Юрий Комаровский)
1996~1996	블라디미르 하바로프(Владимир Хабаров)
1996~2005	블라디미르 부토프(Владимир Бутов)
2005~2006	알렉세이 바리노프(Алексей Баринов)
2006~2009	발레리 포타펜코(Валерий Потапенко)
2009~현재	이고리 표도로프(Игорь Фёдоров)

* 이고리 표도로프(**Игорь Фёдоров**) 구지사[114]

[그림 26] 이고리 표도로프 네네츠 자치구 지사[113]

네네츠 자치구 지사 이고리 표도로프(Игорь Фёдоров)는 1964년 아르한겔스크 주 태생으로, 1989년 아르한겔스크 국립임업대학교(Архангельский государственный лесотехнический институт)를 졸업했다. 1995년부터 아르흐 에너지(ОАО Архэнерго)에서 일하기 시작해, 1997년에 지점 책임자로 임명되어 2005년까지 일했다. 2005년 10월부터 2008년 8월까지는 아르흐 에너지 이사직을 역임하였으며, 2008년 9월부터는 아르한겔스크 주의 부지사로 임명되었다. 그 후 2009년 2월 16일 러시아 대통령 드미트리 메드베데프에 의해 네네츠 자치구 지사로 임명되었고, 2월 24일부터 행정수반으로서 업무를 시작하였다.

• 의회

2011년 12월 4일 국가두마 선거 결과 네네츠 자치구에서는 두 명의 의원이 당선되었다. 그들은 통합러시아당의 블라디미르 페흐틴(Владимир Пехтин Алексеевич)과 러시아자민당의 이리나 치르코바(Ирина Чиркова) 의원이다. 이들은 네네츠 자치구와 아르한겔스크 주를 합친 지역 단위에서 선출된 하원의원이다. 또한, 2012년 2월 20일 자로 이고리 코신(Игорь Кошин)이 상원의원이 되었다.[115] 그는 그 직전까지 네네츠 자치구 지방의회 의장이었다.

* 블라디미르 페흐틴(Владимир Пехтин Алексеевич) 국가두마 의원[117]

[그림 27] 블라디미르 페흐틴 국가두마 의원[116]

1950년 12월 9일생이다. 의원 윤리위원회 위원장이며, 3대 국회 때부터 국회의원을 역임하기 시작하여 6대까지 국회의원으로 선출되었다. 4대 때는 국회 부의장이었고, 통합러시아당 제일 부위원장이었다. 또한, 러시아 전력(РАО ЕЭС)의 이사와 콜리마 에너지(ОАО Колымаэнерго) 이사장을 역임한 바 있다.

* 이리나 치르코바(Ирина Чиркова) 의원[119]

1982년 3월 6일생이다. 아르한겔스크 주의 환경 및 생태 위원회 부위원장이며 포모르 출판사(ООО Поморская издательская компания) 사장을 역임하였다.

[그림 28] 이리나 치르코바 국가두마 의원[118]

* 이고리 코신(Игорь Кошин) 상원 의원[121]

이고리 코신은 1974년 8월 27일 코미 공화국의 우신스크 시(город Усинск)에서 태어났다. 이스카텔레이(Искателей) 제6호 학교를 졸업하였고 은메달을 수상했다. 대학에서 경제학과 법학 등 두 개의 전공을 이

[그림 29] 이고리 코신 상원 의원[120]

수했다. 2002년부터 통합러시아당 네네츠 자치구 지부를 창설하는 데에 직접 관여하였고, 정치위원회의 상임 간부로 활약하였다.

2001년 네네츠 자치구 의원이 되었고, 2002년까지 부의장을 역임하였다. 2005년에 의원으로 재선되었고 의장이 되었다. 2009년에 의원으로 3선하였으며, 2012년 2월까지 의장직을 수행하다 러시아연방 상원 의원으로 선출되었다. 그 외에도 그는 2009년에 러시아 북서 의원협회(Парламентская Ассоциация Северо-Запада России) 의장으로 선출된 바 있다.

[표 8] 2009년 지방선거 네네츠 자치구 의회 당선자 현황[122]

정당	당선자	의회 구성비(%)
통합러시아당	6	54.55
러시아공산당	2	18.18
러시아자민당	2	18.18
정의러시아당	1	9.09

지방 의회 선거는 2009년 3월 1일에 있었고, 의회에는 4개의 정당이 입성했다. 통합러시아당(Единая Россия) 6명, 러시아자민당(ЛДПР)과 러시아공산당(КПРФ) 각각 2명, 정의러시아당(Справедливая Россия) 1명이다. 11명 의원 가운데 남성 10명, 여성 1명으로 여성 비율은 낮다. 의원들 가운데 이고리 코신(Игорь Кошин)이 의회 의장이었는데,[123] 상원 의원으로 선출되면서 세르게이 콧킨(Сергей Коткин)이 새로운 의장이 되었고, 이로써 지방 의회 의원은 2012년 현재 10명이 되었다. 의회에는 상설위원회로 예산 및 경제정책 위원회, 국가조직 및 지방자치 위원

회, 네네츠인 및 기타 소수 북극인 문제, 환경 및 자원이용 위원회, 안전 및 뇌물방지 위원회, 사회정책 위원회 등이 운영되고 있다.[124)]

* 세르게이 콧킨(Сергей Коткин)[126)]

[그림 30] 세르게이 콧킨 네네츠 자치구 의회 의장[125)]

세르게이 콧킨은 1956년 3월 11일 네네츠 자치구에서 태어났다. 법학 박사학위를 취득하였으며, 1976년부터 페초라 연합항공사(Печорское объединенное авиапредприятие)에서 일하기 시작하였다. 1982년 국가안전기관의 부서 책임자로 근무하기 시작하여 정부로부터 훈장을 받기도 하였다. 2000~2009년까지 통합러시아당의 중앙집행위원회에서 정치 경력을 쌓았으며, 2005년부터는 자치구 의회 의원이 되었다. 2009년부터 의회 부의장을 역임하다가, 2012년 2월부로 의회 의장이 되었다.

• 시민사회

네네츠 자치구는 인구가 매우 적기 때문에 어떤 항의 집회 같은 것이 일어날 경우 그 전파력은 매우 크다. 반면 주민 수가 적기 때문에 대중언론매체의 역할은 어차피 제한적일 수밖에 없다. 사실 무엇인가를 주민으로부터 은폐하거나 왜곡하는 것이 매우 힘들다. 따라서 자치구 정부가 자신의 활동 결과에 대해 긍정적인 여론을 조성하고자 하면, 실제 매우 적극적으로 활동할 필요도 있고, 또한 주민과 직접 만나 문제들을 논의하고 해결하는 방식을 취할 필요가 있다.

네네츠 자치구에서 주민의 저항 활동은 사실 매우 미약한 편이다. 최근에 일어난 대중 집회의 예를 들면, 2009년 2월 연방정부의 사회·경제 정책에 반대하는 시위가 전국적으로 열렸는데, 그때 러시아공산당 지부 주도로 나리얀-마르 시에서도 약 300~500명의 시위대가 집회에 참여한

바 있다. 인구 2만 명의 도시에서 수백 명의 시위대는 주목을 끌기에 충분했다. 하지만 전반적으로 네네츠 자치구에서 시민사회 활동이나 시민운동은 별로 발전되어 있지 않다.[127]

2. 행정구조

2003년 10월 6일 № 131-ФЗ '러시아연방 지방자치 조직의 일반 원칙에 대하여(Об общих принципах организации местного самоуправления в Российской Федерации)'라는 연방법에 따라, 네네츠 자치구 소재 두 개의 주요 지방 행정 단위가 확립되었다. 그것은 시 구역(городской округ)인 나리얀-마르 시(Город Нарьян-Мар)와 지방자치 군(муниципальный район)인 자폴랴르니 군(Заполярный район)이다.[128] 현재 나리얀-마르 시장은 유리 로디오놉스키(Юрий Родионовский)이며, 자폴랴르니 군수는 알렉산드르 베주모프(Александр Вячеславович Безумов)이다.

시 구역은 바로 네네츠 자치구의 수도인 나리얀-마르에 해당한다. 지방자치 군에는 도시지구(городское поселение)인 이스카텔레이 노동자 도시형 부락(рабочий посёлок Искателей)과 18개의 농촌지구(сельское поселение)가 포함되어 있다. 농촌지구는 17개의 읍(сельсовет)과 1개의 농촌형 부락(посёлок сельского типа)으로 이루어져 있다.[129] 그 한 개의 농촌형 부락은 암데르마(Амдерма)인데 이곳은 과거에 도시형 부락(посёлок городского типа)이었지만 2009년에 농촌형 부락으로 바뀌었다.[130]

* 유리 로디오놉스키(Юрий Родионовский) 나리얀-마르 시장[133]

1960년 1월 18일 코스트로마 주(Костромская область)에서 출생했다. 1980년 고리키 하천전문학교(Горьковское речное училище им. И.П. Кули-

[표 9] 네네츠 자치구의 17개 읍[131)]

읍	읍 행정 중심지
안덱스키 읍 (Андегский сельсовет)	안데그 시골 (деревня Андег)
벨리코비소치니 읍 (Великовисочный сельсовет)	벨리코비소치노예 마을 (село Великовисочное)
카닌스키 읍 (Канинский сельсовет)	네시 마을 (село Несь)
카르스키 읍 (Карский сельсове т)	우스티-카라 농촌형 부락 (посёлок Усть-Кара)
콜구옙스키 읍 (Колгуевский сельсовет)	부그리노 농촌형 부락 (посёлок Бугрино)
콧킨스키 읍 (Коткинский сельсовет)	콧키노 마을 (село Коткино)
소토지 읍 (Малоземельский сельсовет)	넬민 노스 농촌형 부락 (посёлок Нельмин Нос)
옴스키 읍 (Омский сельсовет)	오마 마을 (село Ома)
페시스키 읍 (Пешский сельсовет)	니즈냐야 표샤 마을 (село Нижняя Пеша)
프리모르스코-쿠이스키 읍 (Приморско-Куйский сельсовет)	크라스노예 농촌형 부락 (посёлок Красное)
푸스토죠르스키 읍 (Пустозёрский сельсовет)	옥시노 마을 (село Оксино)
텔비소치니 읍 (Тельвисочный сельсовет)	텔비스카 마을 (село Тельвиска)
티만스키 읍 (Тиманский сельсовет)	인디가 농촌형 부락 (посёлок Индига)
호레이-베르스키 읍 (Хорей-Верский сельсовет)	호레이-베르 농촌형 부락 (посёлок Хорей-Вер)
호세다-하르츠키 읍 (Хоседа-Хардский сельсовет)	하루타 농촌형 부락 (посёлок Харута)
쇼인스키 읍 (Шоинский сельсовет)	쇼이나 농촌형 부락 (посёлок Шойна)
유샤르스키 읍 (Юшарский сельсовет)	카라타이카 농촌형 부락 (посёлок Каратайка)

[그림 31] 유리 로디오놉스키 나리얀-마르 시장[132]

бина)를 졸업하였고 항해사 자격증을 취득하였다. 1998년에 아르한겔스크 시 경영연구소(Институт управления в г. Архангельске)를 졸업하였고 경제학을 전공하였다. 2001년에 상트페테르부르크에 있는 북서 공공서비스 아카데미(Северо-Западную Академию государственной службы)에서 법학을 전공하였다. 2002년에 모스크바에 있는 러시아과학아카데미 사회·정치연구소(Институ социально-политических исследований РАН)에서 경제학 박사학위를 취득하였다.

그는 1980년 4월 '볼가·돈 127(Волга-Дон 127)' 회사에서 정비사 보조로 처음 일하기 시작했다. 1997년부터 공무원으로 경력이 시작되었는데, 그는 네네츠 자치구 행정부 제일 부지사(Первый заместитель Главы Администрации Ненецкого автономного округа)로 임명되었다. 그 후 2001년 1월 나리얀-마르 시장으로 선출되었다. 2005~08년에는 국제 수도 및 대도시 총회(Международная ассамблея столиц и крупных городов) 자문위원회 부의장을 역임하였으며, 2008년 5월에 다시 나리얀-마르 시장으로 선출되었다. 현재 통합러시아당 당원이다.

* 알렉산드르 베주모프(**Александр Вячеславович Безумов**) 자폴랴르니 군수[135]

1958년 9월 7일생이며, 네네츠 자치구의 벨리코비소치노에 마을(село Великовисочное)에서 태어났다. 1980년 두아갑필스코에 고등군사항공 공학전문학교(Даугавпилсское Высшее Военное Авиационное Инженерное училище)를 졸업하였고, 1991년 공군 공학아카데미(Военно-воздушная Инженерная академия

[그림 32] 알렉산드르 베주모프 자폴랴르니 군수[134]

[그림 33] 네네츠 자치구의 주요 행정 중심지[137)]

им. проф. Н. Е. Жуковского)에서 박사학위를 취득하였다. 2002년에는 이바노보 국립에너지대학(Ивановский Государственный энергетический университет)의 경제·경영학부를 졸업하였다.

1975~96년까지 소연방과 러시아연방의 공군에서 엔지니어, 연구자, 교육자로서 근무하였으며, 대령으로 예편하였다. 1996~2001년까지 금융계에서 활동하였고, 2001~03년까지 나리얀-마르 시 행정부 경제예측 및 투자 부서(отдел экономики, прогнозирования и инвестиций Администрации МО «Город Нарьян-Мар»)에서 근무하였다. 2003~05년까지는 나리얀-마르 연합비행사(Нарьян-Марский объединенный авиаотряд) 수석경제학자였다.

2005년 이후 여러 연방주체 구성체를 합쳐 더 큰 행정 구역으로 통합시키는 작업이 진행되고 있다. 네네츠 자치구도 계획 중인 통합 안의 하나로 들어가 있는데, 아르한겔스크 주와 무르만스크 주, 코미 공화국, 네네츠 자치구를 모두 합쳐 '북부 주', '북극 주', 또는 '포모르 주' 등으로 통합하는 방안이 구상 중이고, 또 최근에는 아르한겔스크 주와 네네츠 자치구만을 묶는 방안도 구상 중이다.[136)]

3. 자치구 예산

2009년에 비해 2010년 예산 지출은 11% 이상, 즉 6억 6백만 루블이 증가했다. 2010년 자치구 재정 수입은 57억 루블이며, 지출은 61억 루블이다. 적자 규모는 4억 5,430만 루블이며 자치구 총 예산 수입의 8.5%였다.

자치구 예산의 절반 이상(31억 루블)이 19개 항목에 달하는 각종 사회문제 해결을 위하여 장기 프로그램에 투입되었다. 그 내용의 예를 들면 자치구 주민의 주거 공간 개선, 도로주행 안전성 확충, 사회적 질병의 감소, 전통 생활양식의 지원과 북방 토착 소수민족 문화의 보존, 학교, 유치원, 보건 및 문화 시설 건축 지원, 기술 인프라 지원 등을 꼽을 수 있다. 이와 같이 네네츠 자치구 예산은 사회복지 분야로 상당 부분 지출되고 있다.

'2009~2022년 주택 구입(건축)용 대출 및 임대를 위한 네네츠 자치구 주민의 사회적 지원 방안(Меры социальной поддержки населения НАО при кредитовании или заимствовании на приобретение (строительство) жилья на 2009-2022 годы)' 사업에는 2009년과 같이 2010년에도 2억 8,760만 루블이 지원되었다. 2009년에는 170가구 이상이 대출금 지원 혜택을 얻어 아파트를 구입할 수 있었다. 거주에 적합하지 않거나 마모율이 65% 이상인 주택에 거주하는 시민도 지원을 받아 집을 수리할 수 있는데, 이를 위해 10억 루블 이상의 예산이 책정되었다.

2010년에는 네네츠 자치구에 새로운 장기 프로그램인 '네네츠 자치구 주민의 맑은 물 공급(Обеспечение населения НАО чистой водой)' 사업

(2010~13년)이 시작되었다. 총 재정 규모는 12억 루블이다. 2010년에 이 프로그램의 하나로 호레이-베르 농촌형 부락(посёлок Хорей-Вер)과 넬민 노스 농촌형 부락(посёлок Нельмин Нос)에 정수 시설이 건설되었다.[138)]

4. 수도 나리얀-마르

• 나리얀-마르의 역사

역사적으로 오래되지 않았지만 나리얀-마르(네네츠어로 붉은 도시를 의미)는 러시아에서 가장 거대한 석유 채굴 지역 중 하나인 네네츠 자치구의 행정 수도이며, 페초라 강 하구 북극권에 자리 잡고 있다. 아르한겔스크 시(город Архангельск)까지 수로로는 1,097km, 항로로는 650km 떨어져 있다. 항로로 모스크바까지 거리는 2,230km이다. 가장 가까운 철도역은 코미 공화국의 우신스크 시(город Усинск)이며 420km 떨어져 있고, 페초라 시(город Печора)는 780km 떨어져 있다.[139)] 최저온도는 1978년 12월에 영하 48도였으며, 최고온도는 1990년 6월에 영상 34도였다. 나리얀-마르 시의 면적은 약 4,900헥타르에 달한다.[140)]

[그림 34] 나리얀-마르 시의 위치[141)]

나리얀-마르 시의 공식적인 역사는 1935년 3월 10일에 시작되었는데, 문건으로 나와 있는 도시 건설에 대한 첫 번째 기록은 1929년 10월 22일로 되어 있다. 그 문건은 도시를 건설할 지점인 페초라 강 오른편에 있던 벨로셸리에(Белощелье) 부락의 '토지

임차' 건으로서 오를로프(Н. Ф. Орлов) 기술자와 체결한 네네츠 자치구 집행위원회의 계약서이다.[142)]

1930년에 벨로셸리예 건설이 본격화되어 165명의 인부가 정착지 건설에 동원되었다. 북방무역 선단 대표인 파벨 베르시닌(Павел Вершинин)은 건설노동 특별지휘본부를 조직했다. 미래 도시의 첫 번째 건물은 65인이 묵을 수 있는 임시 숙소였다. 다음은 방 8개짜리 주택, 식당, 우체국, 네네츠인 전용주택, 순록사육 집단농장 사무실, 병원, 인쇄소를 지었다.[143)]

1931년 10월에 벨로셸리예는 나리얀-마르 부락(посёлок)으로 개명되었다. 같은 해에 자치구 센터를 텔비스카 마을(село Тельвиска)로부터 나리얀-마르로 옮겼다.[144)] 1934년 부락위원회(поселковый Совет)의 결정에 따라 각 거리 이름이 최초로 결정되었다. 그 거리 이름은 바로 나베레즈나야 거리(улица Набережная), 파르티잔스카야 거리(улица Партизанская: 지금의 피레르카 거리(улица Пыреркi), 자폴랴르니 대로(проспект Заполярный: 지금의 스미도비치 거리(улица Смидовича), 올렌나야 거리(улица Оленная: 1936년부터 이 거리는 비우체이스키 거리(улица им. Выучейского)로 불린다.), 폴랴르나야 거리(улица Полярная) 등이었다. 바로 그 해에 시 지도부는 소비에트 청사(Дом Советов)를 짓기로 했다.[145)]

1934년 4월 9일 네네츠 자치구 집행위원회 5차 대회에서 8,000명 이상 거주하는 나리얀-마르 노동자 부락을 나리얀-마르 시로 승격하는 것에 대한 결의가 채택되었다. 동시에 페초라 항구를 나리얀-마르 항구(порт Нарьян-Мар)로, 강 선착장을 나리얀-마르 해양 선착장(морская пристань Нарьян-Мар)으로 개명하였다. 네네츠 자치구 집행위원회의 요청에 따라 전 러시아중앙집행위원회(ВЦИК)의 결의가 뒤이어 채택되었고, 1935년 3월 10일 공식적인 지역명을 '나리얀-마르 시(город

Нарьян-Мар)'로 확정했다.[146] 나리얀-마르 시에는 다음과 같은 부락들, 즉, 코밀레스(Комилес) 51호 제재소, 벨로셸리예(Белощелье), 칼류시(Калюш), 카치고르트(Качгорт: 최초 거주자의 성을 따서 이전에는 '노소보(Носово)'라고 불렸다.), 고로데츠키(Городецкий: 최초 거주자의 성을 따서 이전에는 '카르마놉카(Кармановка)'라고 불렸다.) 등과 요쿠샤(Ёкуша) 시골이 포함되었다. 1936년에는 10,288명의 주민이 거주했다.[147]

1930년대에 나리얀-마르 시는 네네츠 자치구의 행정적, 문화적 중심지로 빠르게 변모해 갔다. 1932년에 순록사육지 사무소가 문을 열었다. 1933년에는 수산업 사무소가 문을 열었고, 그에 따라 항구의 업무처리 속도가 빨라졌다. 1934년부터 도서관을 통한 계몽활동이 시작되었고, 그 후 지역 박물관이 문을 열었다. 1934년에는 사범전문학교(педагогическое училище)에서 최초로 졸업생이 배출되었다.

도시가 총체적으로 발전하면서 교육 분야에도 변화가 나타나기 시작했는데, 1934년부터 문화계몽학교와 두 군데의 일반 학교가 문을 열었다. 1936년에는 기상청이 세워졌고, 1937년에는 전문 드라마 극장이 문을 열었다. 상업 분야도 빠르게 발전하기 시작하였는데, 그 예로 툰드라 지역민을 위해 특별 상품을 취급하는 백화점 두 곳과 전문 식품 매장 및 상점을 꼽을 수 있다.

1933년 아르한겔스크, 우스티-칠리마 마을(село Усть-Цильма: 코미 공화국의 농촌 마을), 나리얀-마르 시 사이에 처음으로 항공기 정기운항이 시작되었다. 그리고 그곳들로부터 나리얀-마르 시까지 육상으로 겨울 도로가 뚫렸다. 네네츠 자치구에는 늪과 강이 많아 도로 사정이 여의치 않지만, 겨울에는 모든 곳이 얼기 때문에 그 위로 차량이 다닐 수 있었다.

1932년에는 110개의 수신소를 갖춘 최초의 라디오 중계 유선방송국이

[그림 35] 나리얀-마르 시의 선착장[148)]

세워졌고, 1937년에는 모르스 전신기와 음향기를 통해 아르한겔스크와 직통으로 통신할 수 있게 되었다. 1930년대와 40년대에는 요크샤(Екуша)의 벽돌 생산 수공업체가 지역 산업을 주도했다. 1940년에는 하루에 100만 개의 벽돌이 생산되었고, 그 당시 도시 주택 총면적은 52,400㎡에 달하게 되었다.[149)]

나리얀-마르 시 공업의 기초는 1940년 무렵 형성되었다. 제재소(전신 '스텔라 폴라레(Стелла Поларе)'), 북방 국영어업(Севрыбгострест) 페초라 사무실, 요쿠샤(Екуша) 마을의 벽돌제조 수공업체, 육류가공기업(Мясотрест) 네네츠 사무실, 네네츠 어업·집단농장 협회 등이 나리얀-마르 시에 설립되었다. 나리얀-마르 항구를 통해 러시아의 동부와 중부로 목재, 석탄, 모피, 순록 제품이 수출되었다.[150)]

1940년대 말과 1950년대에는 비우체이스키 거리(улица им. Выучейского)를 따라 주택 단지가 건설되면서 새로운 도시 발전의 계기가 마련되었다. 1960년대 초부터는 나리얀-마르 시가 체계적인 도시계획에 따라 건설되기 시작했다. 최초의 벽돌 건물로 제3호 학교와 문화관(ДК)이 각각 1963년과 1964년에 건설되었다. 최초의 벽돌 주택은 1972년, 패널 주택은 1981년에 건축되었다. 1974년부터는 중앙집중식 난방공급이 가능해졌고, 중앙급수체계와 지역 하수처리체계가 구축되었다.[152)] 1975년에는 벽돌로 완공된 최초의 다층건물이 세워졌다. 그 건물이 바로 오늘날 시청 건물인 공산당 주위원회(ОК КПСС)였다.[153)]

그리고 1981년에는 일부 노동자들이 도시에서 유일한 신식 패널 아파트에 입주하게 되었다. 건설업이 중심 산업이 되면서, 벽돌과 패널 집 건축이 붐을 이루게 되었고, 그와 함께 중앙급수, 그리고 곳곳마다 정수설비가 갖추어진 지역 하수체계가 도입되었다.

[그림 36] 나리얀-마르 시의 항구와 페초라 강[151]

또한, 도시민을 위한 서비스 체계가 향상되었다. 1955년에는 최초의 노선버스가 생겼다. 1959년 도시 내 디젤 발전소의 건설과 함께 전력공급이 항시 이루어지게 되었고, 1960년대 초에는 주택이 중앙난방식으로 전환되기 시작했다. 1973년부터 나리얀-마르 시 주민은 '궤도(Орбита)' 방송국을 통해 모스크바의 TV 프로그램을 볼 수 있게 되었다. 그리고 1978년에는 주거용 아파트에 가스가 공급되었다. 또한, 가스 연료를 이용하는 각종 기관실이 생겨났다. 1973년에는 카치고르츠크(Качгортск) 운하를 건너는 92m 길이의 다리가 건설되었고, 1983년에는 레소자보츠카야 쿠리야(Лесозаводская курья) 하천을 건너는 57m 길이의 다리가 건설되었다. 1980년대에는 디젤 발전소와 석유보급소 등 새로운 생산시설이 들어섰고, 빵 공장이 건설되었으며, 1984년에는 자치구 병원에 해부병리 병동이, 1989년에는 외과병동이 건설되었다.

1980년대에는 1일 150인을 수용할 수 있는 병원, 약국, 레스토랑이 부속된 호텔, 침실이 구비된 기숙학교, 784명의 학생을 유치할 수 있는 중등학교, 백화점, 음악 학교가 문을 열었다. 그리고 현대식 건물로 이루어진 대규모 단지들이 등장하게 되었다. 1993년 주택의 총면적은 317,000㎡에 달하게 되었으며, 그중 주택의 82%는 중앙난방이 되고, 48%는 상수도와 하수도가 연결되었다. 1990년대 말까지 시 행정부에 의해 사범전문학교 건물과 자치구 병원 건물이 개조되거나 대대적인 수리를 받게 되

었다.[154]

1999년부터 나리얀-마르 시 주택 44%에 중앙급수가 공급되었고, 하수시설은 47%, 중앙난방은 91%, 가스공급은 83%에 제공되었다. 아파트 43%에는 이 모든 것이 제공되었다. 1998년 도시 상수도는 18.1km, 하수도는 11.2km에 달하게 되었다.[155]

나리얀-마르 시의 각종 기관실과 발전소는 63km 떨어진 바실콥스코예 산지(Василковское месторождение)로부터 가스관을 통해 천연가스를 공급받는다. 1999년 나리얀-마르 시에는 빵과 과자 제품을 하루에 21.9톤 생산하는 제빵 공장, 가연성 연료를 일시에 32,900m^3 보관할 수 있는 석유탱크, 생물학적 정수시설을 갖추고 하루 4,800m^3의 양을 처리할 수 있는 급수장치, 냐르야나 빈데르(Няръяна вындер) 지역신문 편집실과 인쇄소, 공항터미널, 요양소, 지역병원, 치과, 150개의 병동을 보유한

[그림 37] 나리얀-마르 시의 페초라 호텔[157]

병원, 약국, 100개의 객실을 보유한 페초라 호텔(гостиница Печора), 어린이 음악·예술 학교, 스포츠 시설, 청소년 체육학교, 기숙학교, 5개 일반학교, 네네츠 수의 학교, 종합기술전문학교 24호, 교육대학, 포모르 국립대학(Поморский государственный университет) 지부와 아르한겔스크 국립기술대학교(Архангельский государственный технический университет) 지부, 네네츠 지역 박물관, 푸스토죠르스크 역사·자연 박물관, 지역 전시관, 민속 센터 등이 마련되었다.[156)]

• 오늘날의 나리얀-마르

자치구의 행정 수도인 나리얀-마르에는 네네츠 자치구의 다양한 국가 기관이 존재할 뿐만 아니라, 연방 기관의 각종 지역 분과와 여러 석유·가스 회사 지역 대표부도 나와 있다. 또한, 나리얀-마르 시에는 약 800개에 달하는 다양한 형태의 사조직과 기업이 있다. 전력 및 식품 산업이 오늘날 시 경제에서 주도적 역할을 담당하고 있다. 하지만 무엇보다도 오늘날 나리얀-마르 시는 티만-페초라 석유·가스 지역(Тимано-Печорская нефтегазоносная провинция) 지질조사 실무기지이자, 툰드라와 바렌츠 해 대륙붕 산지개발 전초기지이다. 나리얀-마르 시와 도시 주변에 있는 지질학자 거주지에는 편안한 주거시설과 생활에 필수적인 기본 인프라가 조성되어 있다.[159)]

나리얀-마르 시는 1992년부터 우크라이나의 마리우폴 시(город Мариуполь), 1991년부터 노르웨이의 카우토케이노(Каутокейно), 1997년부터 코미 공화국의 우흐타 시(город Ухта)와 자매도시 결연을 맺었다. 또한, 나리얀-마르 시는 러시아 소도시협회(Ассоциация малых российских городов)와 극지방 및 북극 도시연합(Союз городов Заполярья и Крайнего Севера)에 가입되어 있다.[160)]

러시아연방에서 네네츠 자치구 위상이 승격됨에 따라 도시의 기와 문장은 2001년 5월 31일에 법령으로 다시 선포되었다. 문장은 본래 1978년 나리얀-마르 시 의회 집행위원회에서 제정되었는데, 이 문장을 본떠서 기도 만들었다. 전통적으로 사슴 목축과 어업이 주요 산업인 나리얀-마르 시의 기는 단순하면서도 강렬한 이미지를 주어 쉽게 기억된다. 기와 문장은 같은 도안과 색상을 사용하되 문장은 기보다 폭이 좁다. 윗부분의 3/4은 붉은색, 아래의 1/4은 푸른 바탕에 각각 흰색 문양이 있다. 붉은 바탕에는 순록의 머리와 뿔, 푸른 바탕에는 두 마리의 북극 물고기가 그려져 있다.[161)]

[그림 38] 나리얀-마르 시 기[162)]

도시 내부 지역은 레닌 거리(улица Ленина), 10월 60주년 거리(улица 60 лет Октября), 유빌레이나야 거리(улица Юбилейная) 등 도시를 관통하는 도로들로 서로 연결되어 있다. 도시의 주요 지역인 중앙 구(Центральный район)는 수로의 벽으로 경계가 형성되어 있다. 중앙 구는 도시계획에 정확히 입각해 건설되었다. 중앙 구의 북쪽에 있는 페초라 강 변에는 강과 바다의 선착장과 도시 폐수 처리장이 있다. 서쪽과 남쪽에는 저층 건축물들이 펼쳐져 있고, 중앙에는 고층 건물로 이루어진 소단지가 조성되어 있다. 레닌 거리에는 시의 중앙 광장이 있으며, 그곳에서 북쪽으로 항구 부분까지 도시와 자치구의 각종 행정, 비즈니스, 문화 기관들이 늘어서 있다. 이곳은 인프라가 가장 발달해 있는 지역이다.[163)]

2010년 통계에 따르면 나리얀-마르 시에는 약 2만 명의 주민이 거주하고 있다. 1935년 시로 승격되어 1930년대에는 약 13,000명의 인구가 살았는데, 1970~80년대에는 약 23,000명까지 늘었다가, 개혁기에는 러시아 연방 전체적으로, 그리고 북서연방관구에서도 일반적 현상으로 나타났던 인구 감소 현상이 이곳에서도 있었다. 그러다 최근에는 인구의 수가

[표 10] 나리얀-마르 시의 인구 추이(단위: 명)[164]

1939	1959	1970	1979	1989	2002	2010
13,700	13,222	16,864	23,435	20,182	18,611	19,820

완만히 증가세로 돌아선 상태이다([표 10] 참조).

2010년 나리얀-마르 시의 5개 주간 중등학교 학생 수는 2,570명이며, 야간 중등학교 학생 수는 130명이다. 또한, 35명의 장애 학생이 교육을 받고 있으며, 360명의 학생은 부모의 퇴근 시간 전까지 학교에 남아 교육을 받고 있다. 시에는 11개의 취학 전 예비 학교가 있다. 4개 학교는 '어린이 개발 센터(Центр развития ребенка)'인데, 모든 교육 분야가 표준 수준 이상의 아동 개발 학습프로그램으로 운영되고 있다.[165)]

2010년에 도시 건설 75주년 기념제를 성대히 치른 나리얀-마르는 이제 80주년을 향해 나아가고 있으며, 북극의 순결하고 맑은 자태를 뽐내며 21세기의 현대적 도시로 거듭나고 있다.

• 나리얀-마르의 명소

여기에 소개되는 나리얀-마르 시의 명소는 그동안 이 땅이 어떠한 역사를 거쳐 오늘에 이르렀는지 상징적으로 보여 준다. 이를 통해 나리얀-마르 시와 네네츠 자치구의 역사와 문화, 이곳 거주민의 희로애락, 그리고 과거부터 현재까지 그들이 살아온 발자취를 엿볼 수 있다.

* 네네츠 지지학 박물관(Ненецкий краеведческий музей)

지지학 박물관은 네네츠 자치구의 가장 오랜 박물관이다. 이 박물관은 1934년 9월 6일 문을 열었다. 오늘날 박물관에는 독특하고 가치 있는 인종적, 민속적 수집품을 포함하여 2만 점 이상의 소장물이 전시되어 있다. 그것들은 카닌, 티만, 소토지, 대토지 툰드라의 네네츠 문화를 잘

[그림 39] 네네츠 지지학 박물관[166)]

보여주고 있다. 전시물로는 여성과 남성 의류, 가죽 모자, 신발, 가죽 주머니, 생활용품, 장난감 등이 있다. 박물관에는 각 지역 유물도 다수 전시되어 있다. 그 외에 18~19세기 페초라 교회의 이콘도 소장되어 있다.

* 푸스토죠르스크 역사 및 문화 박물관

(Музей истории и культуры Пустозёрска)

[그림 40] 푸스토죠르스크 역사 및 문화 박물관[167)]

푸스토죠르스크 종합 자연사 박물관은 1991년 11월 5일 네네츠 자치구 집행위원회(окрисполком)의 결정으로 건립되었는데, 여기에는 푸스토죠르스크 유적(Городище Пустозёрск)과 고대 우스티예(Устье) 건축물 유적이 전시되었다. 박물관 건물은 1993년에 완공되었다. 이 건물은 푸스토죠르스크에 있었던 독특한 북극 주택 양식으로 지어진 '세벨레비의 집(Дом Шевелевых)'을 본떠 만들어졌다. 1996년에는 고로데츠코예 호수(Городецкое озеро) 유적물이 박물관에 들어왔다. 1499년 이 호수 주변에 이반 3세의 명령으로 푸스토죠르스크가 건설되었었다. 푸스토죠르스크 박물관은 바로 니즈네페초리예(Нижнепечорье) 최초 수도의 역사를 보존하고 전파하는 역할을 하고 있다.

* 전시박물관센터(Музейно-выставочный центр)

[그림 41] 전시박물관센터[168]

전시박물관센터는 나무로 지어진 나리얀-마르 시 최초의 집을 복원하여 만든 건물이다. 이 건물의 원형은 안드리안 두르킨(Андриан Дуркин)의 지휘 아래 노비 보르(Новый Бор)로부터 온 목수들 의해 1924년 건축되었으며, 바다와 강 선착장 곁에 있었다. 하지만 유감스럽게도 오늘날 이 집은 멸실되었다. 하지만 새롭게 나리얀-마르 시 중심부로 옮겨져 복원되었다. 이곳에는 예술가, 사진사, 조각가, 의복 디자이너의 다양한 작품이 전시되고 있으며, 그것들은 오늘날 전통과 현대의 문화를 잇는 역할을 하고 있다.

* 전시관(Выставочный зал)

[그림 42] 전시관[169]

자치구 전시관은 문화시설로 1992년 11월 1일 건립되었다. 이 건물은 도시 중심부의 오래된 건물 중 하나였다. 이 건물을 새롭게 단장한 목적은 네네츠 자치구 주민에게 러시아의 예술, 문화사, 문학뿐 아니라 외국의 문화와 가치를 전파하기 위함이다. 전시관은 3층으로 되어 있고, 창작물들이 다양한 종류와 장르별로, 그리고 지지학, 역사, 문화 영역별로 여러 홀에 나뉘어 전시돼 있다.

* 성모현현 사원(Храм Святаго Богоявления)

[그림 43] 성모현현 사원[170)]

나리얀-마르 시 건축물의 자랑거리 중 하나는 바로 2001년 신도들의 기부로 건축되기 시작한 러시아 정교회의 성모현현 사원이다. 성모현현 사원 최초의 종교의식은 2005년 8월 19일 그리스도 변용제(Преображение)로 시작되었다. 그후 2005년 10월 16일 교회 헌정식이 있었다. 오늘날 장방형으로 구획된 교회 단지 내에는 성모현현 사원, 종루, 주일 학교, 사제 관구 등이 들어서 있다.

* 구교도 포모르 공동체교회(Церковь старообрядческой поморской общины)

[그림 44] 구교도 포모르 공동체교회와 작은 예배당[171)]

러시아의 북방은 항상 구교도의 보루 중 하나였고 현재도 그렇게 남아 있다. 북쪽 수도원과 암자에는 세대에서 세대로 오랜 러시아의 전통이 계승되었고, 신을 공경하는 신앙심이 후손들 사이에 계속 유지되었다. 이처럼 네네츠 자치구 영토는 오랫동안 구교도를 위한 도피처였다. 2009년에 또 하나의 나리얀-마르 사원인 니콜라이 추도트보레츠 고대 정교 포모르 교회(Древлеправославная Поморская Церквь Николая Чудотворца)가 완공되었다. 공식적으로 구교도 공동체는 1998년 10월 13일에 등록된 바 있다. 북극에서 고대 정교의 전통이 부활되면서 이제 나리얀-마르 구교도 공동체 활동은 한층 활발해지고 있다.

* 승리의 오벨리스크(Обелиск Победы)

[그림 45] 승리의 오벨리스크[172)]

승리의 오벨리스크(방첨탑)는 도시 중심부에 있으며 1965년에 세워졌다. 탑에는 '1941-1945'라는 숫자가 장식되어 있고, 그 위의 중심부에 대조국전쟁 훈장이 달려 있다. 탑 하단에는 대조국전쟁의 승리를 기념하는 내용의 글귀가 동판 형태로 붙어 있다. 또한, 전쟁 기간에 네네츠 자치구에서 희생된 사람들의 명단이 새겨 있다. 1982년부터 가스가 공급되면서 불꽃이 점화되었고 영원히 꺼지지 않도록 시설이 갖추어졌다.

* 견인선 '콤소몰레츠' 승무원 추모비(Памятник экипажу буксирного теплохода "Комсомолец")

[그림 46] 견인선 '콤소몰레츠' 승무원 추모비[173)]

이 기념비는 1968년 11월 나리얀-마르 항구 관리소 옆에 벽돌, 콘크리트, 강철을 재료로 써서 세워졌다. 바로 1942년 8월 19일 바렌츠 해에서 일어난 비극을 추모하기 위해 이 비가 세워진 것이다. 당시 화물을 견인하여 하바로보 농촌형 부락(посёлок Хабарово)로부터 귀환하여 항구에 정박해 있던 '콤소몰레츠 호(пароход Комсомолец)'와 '코밀레스 호(пароход Комилес)'에 독일 잠수함이 공격을 가했다. 그날 '콤소몰레츠' 호에 승선했던 14인을 포함하여 약 300명의 사람이 사망했다.

* 부두노동자 희생 추모탑(Памятник погибшим портовикам)

[그림 47] 부두노동자 희생 추모탑[174)]

대조국전쟁 기간에 희생된 나리얀-마르 시 부두노동자를 추모하기 위해 이 탑은 1980년 알루미늄, 콘크리트, 주물을 이용하여 세워졌다. 이 추모탑은 하탄제이스키 거리(улица им. Хатанзейского)와 사프리긴 거리(улица им. Сапрыгина) 사이에 있는 시립 공원에 있다. 이 탑에는 '1941 나리얀-마르 부두노동자에게 1945'라는 문구가 양각으로 새겨져 있다. 1987년에 추가 공사가 있었는데, 좌우측으로 반원형 형태의 콘크리트 댓돌이 세워지고 그곳에 희생자들의 이름이 기록되었다.

* 북극 조종사 추모탑(Памятник полярным летчикам)

[그림 48] 북극 조종사 추모탑[175)]

2차 대전 때 네네츠 자치구에서 희생된 공군 조종사들을 추모하기 위한 이 탑은 2005년 5월 8일 나리얀-마르 시 공항 구역에 세워졌다. 북극 비행대는 북방 지역의 발전과 개발 과정에서 엄청난 공헌을 세웠다. 전쟁 기간에 북극 조종사들은 자신의 생명을 바쳐가며 배를 호위하였고, 적 잠수함을 공격하였으며, 빙하 지대를 탐색하였고, 화물을 운송하였다. 이 탑은 당시 희생된 조종사들의 정신을 기리고 있다.

* 레닌 기념비(Памятник В. И. Ленину)

레닌 기념비는 구리와 화강암을 재료로 1970년 4월 19일 만들어졌다. 이 비는 나리얀-마르 시청사 앞 중앙 광장에 서 있다. 이 기념비를 제작하는 데에 조각가인 야치코(П. Яцыко)와 우스티노프(С. Т. Устинов), 건축가인 루츠키(Г. Луцкий) 등이 참여하였다. 나리얀-마르 시에 있는 최초의 레닌 동상은 하탄제이스키 거리(улица им. Хатанзейского)와 사프리긴 거리(улица им. Сапрыгина) 사이에 있는 시립 공원에 1949년 11월 7일 세워졌는데, 이것은 1970년대 중반까지만 존재했다.

[그림 49] 레닌 기념비[176)]

* 푸스토죠르스크 5백 주년 기념조형물(Памятный знак 500-летию Пустозёрска)

1999년 과거에 붉은 광장이라 불렸던 장소에 조그만 상징적 목재 건축물이 세워졌다. 그 지붕 위에는 다시 소형의 둥근 성당 지붕이 얹혀 있고, 다시 그 위에 십자가가 꽂혀 있다. 사프리긴 거리(улица им. Сапрыгина)에서 페초라 강 변 가까이에 이 기념물이 서 있다. 이것은 바로 과거에 사라진 북극 최초 도시였던 푸스토죠르스크를 기념하기 위한 조형물이다. 이 도시는 1499년 이반 3세의 명령에 따라 건설되었으며, 16~18세기 페초라 변강주(Печорский край)의 행정, 경제, 문화의 중심지였다.

[그림 50] 푸스토죠르스크 5백 주년 기념조형물[177)]

* 'MI-8 헬리콥터' 기념물(Памятник "Вертолет МИ-8")

[그림 51] 'MI-8 헬리콥터' 기념물[178)]

비행기를 타고 나리얀-마르 시에 도착한 모든 방문자와 주민은 가장 먼저 МИ-8 헬리콥터와 마주치게 된다. 이 기념물은 나리얀-마르 시 공항 구역에 위치해 있다. 1967년 아르한겔스크 주에서 헬리콥터를 최초로 들여온 나리얀-마르 시 비행사들에게 경의를 표하기 위하여 이 기념물이 세워졌다. 이것은 1997년 10월에 만들어졌으며, 실제 헬리콥터를 이용하여 설치되었다.

* '석유굴착 망루 모형' 기념탑(Памятник "Макет буровой вышки")

[그림 52] '석유굴착 망루 모형' 기념탑[179)]

철과 시멘트로 만들어진 이 기념탑은 호레이-베르스키 읍(Хорей-Верский сельсовет) 탐사 지역에 있으며 1988년에 세워졌다. 1958년 네네츠 자치구에서 최초로 이 지점에 유정이 굴착되었다. 당시 굴착을 통해 석유층을 탐색하고 지질구조를 파악할 수 있었으며, 향후 네네츠 자치구는 중요한 석유 산지로 주목받게 되었다.

* 비우체이스키 기념탑(Памятник Выучейскому И. П.)

1993년 8월 9일 네네츠 자치구 행정 청사 건너편에 비우체이스키 기념탑이 건립되었다. 비우체이스키(Павлович Выучейский)는 탁월한 교육자이자 사회 활동가였으며, 네네츠인의 국민적 자각과 네네츠 자치구의 조직화에 수많은 공을 세웠다. 그는 소토지 툰드라에 최초로 네네츠 순록사육 집단농장을 건설하는 데에 주도적 역할을 하였다. 나리얀-마르 시에는 그의 이름을 딴 거리와 인문사회대학이 있다.

[그림 53] 비우체이스키 기념탑[180)]

북극의 별

네네츠

V

경제: 풍부한 북극의 자원과 석유

1. 경제개황

1990년대 탈 소비에트화 과정과 시장개혁이 러시아 사회에 미친 영향 중 하나는 바로 지역 간 사회·경제적 발전의 격차가 심화되었다는 것이다. 소비에트 시대에는 그 지역이 지닌 지리적 공간의 특성, 그리고 무엇보다도 국가의 '계획'에 의해 해당 지역의 사회·경제적 양상이 달리 나타났다. 하지만 개혁기에는 시장체제로의 전환과정 및 혹은 그 과정에서 나타난 일정한 사회·경제적 위기, 그리고 국가나 더 나아가 세계화 수준에서 재규정되는 해당 지역의 위상이나 새로운 대외관계의 등장, 또한 그 지역이 본래 가지고 있었던 지리적, 경제적 특성 등 여러 요인이 어우러져 영향을 주면서 이제 각 지역은 과거와는 다른 복잡한 모습으로 변화되고 있다.[181)]

1990년대 시장개혁과정에서 나타난 다양한 지역의 모습은 사회·경제적 차원에서 크게 세 가지 지역 군으로 나눌 수 있다. 즉, 석유·가스 채굴지(예를 들어 한티-만시 자치구(Ханты-Мансийский автономный округ - Югра)와 야말-네네츠 자치구(Ямало-Ненецкий автономный округ))와 모스크바와 같은 고도의 생산력과 주민의 높은 생활수준이 유지되는 지역, 그리고 두 번째로 평균적인 경제적 잠재력을 보유한 지역, 마지막으로 낮은 수준의 사회·경제발전 상태에 처해 있는 다수 지역으로 나뉠 수 있다. 이때 네네츠 자치구는 어느 정도 생산력이 향상되고 있는 지역으로 평가를 받았다.[182] 이러한 평가를 받을 수 있었던 것은 이곳에서 석유 생산업의 발전이 점진적으로 진행되었기 때문에 가능했다.

하지만 1990년대 말에서 2000년대 초까지만 하더라도 네네츠 자치구는 가장 발전한 석유생산지 중 하나로 꼽히지는 않았다. 당시 대표적 석유·가스 생산지로 꼽혔던 지역으로는 볼가 강 유역과 우랄 지역(바시코르토스탄 공화국(Республика Башкортостан), 타타르스탄 공화국(Республика Татарстан), 아스트라한 주(Астраханская область), 오렌부르크 주(Оренбургская область)), 그리고 케메로보 주(Кемеровская область)와 사할린 주(Сахалинская область) 등이었다.[183] 또 다른 분석에 따르더라도 석유·가스를 포함하여 가장 유망한 연료산업 발전지로 예상된 지역으로는 코미 공화국(Республика Коми), 바시코르토스탄 공화국, 페름 주(Пермская область), 스베르들롭스크 주(Свердловская область), 야말-네네츠 자치구, 한티-만시 자치구, 크라스노야르스크 변강주(Красноярский край), 이르쿠츠크 주(Иркутская область), 사하 공화국(Республика Саха), 하바롭스크 변강주(Хабаровский край) 등이었다.[184] 이처럼 네네츠 자치구는 가장 전망이 있는 대표적 석유 생산지에 속하지 않았다.

또한, 2000년 시점 여러 사회·경제적 지표를 종합하여 볼 때도 모스크바나 대표적 석유 생산지였던 한티-만시, 야말-네네츠 자치구 같은 경우는 러시아 전체에서 '가장 발전된' 지역으로 분류되었지만, 네네츠 자치구는 '상대적 발전' 지역으로 분류되었다.[185] 2000년대 초반 주민의 소득, 빈곤, 취업, 노동 및 투자 잠재력 측면에서 보았을 때도 네네츠 자치구는 중간 정도 순위로 평가되었다.[186] 즉, 네네츠 자치구는 사회·경제적으로 가장 발전된 지역군이 아닌 2차 상위 지역군, 더 나아가 중간 정도

순위에 머문 지역이었다.

하지만 2000년대에 들어와 러시아는 주지하다시피 석유 및 가스의 생산과 수출에 역점을 두게 되었고 이것은 경제성장의 원동력이 되었다. 이러한 배경 속에서 가속화된 석유 생산업의 확대는 오늘날 네네츠 자치구를 새로운 변화 앞에 놓이게 하였다. 즉, 1990년대 서서히 석유 생산량이 증가하다가 2003~04년을 경계로 생산량이 급증하게 되었다([그림 54] 참조). 이것은 2003년과 2004년의 전년도 대비 산업생산지수의 증가에도 반영되어 나타나는데, 2000년대의 지수는 매년 110% 내외의 비율로 증가하다가 두 해에는 각각 144%와 143%로 증가하였다.[187]

석유와 같은 유용광물 생산이 네네츠 자치구 산업생산에서 차지하는 비율은 2000년대 중반 70%가 넘었기 때문에 석유 생산량의 변동은 산업생산지수의 변동에 직접 영향을 준다. 동일하게 두 해의 유용광물 채굴 분야에서 생산성 지수가 전년보다 144%, 142% 증가하였다.[188] 유용광물에서 연료에너지를 제외한 부분은 0.02%에 불과하여서 네네츠 자치구의 유용광물 통계수치는 사실 석유(일부 천연가스 포함)에 대한 것이라고 볼 수 있다.[189]

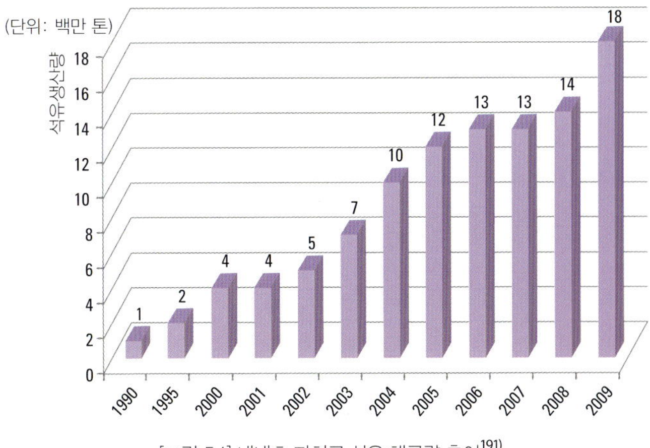

[그림 54] 네네츠 자치구 석유 채굴량 추이[191]

따라서 이 시기를 경계로 석유 생산업이 과거보다 더 본격화되었다고 할 수 있으며, 2009년 시점 실제로 네네츠 자치구는 러시아연방 중 석유 생산량 규모 5위에 올라서게 되었다.[190] 또한, 천연가스 생산량도 러시아연방 중 12위에 올랐다.

이처럼 2000년대에 네네츠 자치구 석유 생산량은 급증하여 2009년 시점 생산량은 1990년에 비하면 20년 만에 15배 이상, 2000년에 비하면 10년 만에 4배 이상 늘어났다. 이에 따라 취업자 수도 2000년에 21,000명 수준에서 매년 증가하여 2008~9년에는 약 3만 2~3천 명 수준으로 1.5배 이상 늘어나게 되었다.[192] 또한, 국영 및 지방 기관 종사자 수도 1990년대와 2000년대 초반보다 2배 정도 늘었다. 이외에도 다른 주보다 취업률은 높지만 실업률은 낮아서 그만큼 최근 높아진 경제 열기를 느낄 수 있다([표 11] 참조).

[표 11] 네네츠 자치구 취업자 및 실업자 추이(단위: 천 명)[193]

	1995	2000	2005	2006	2007	2008	2009
평균취업자수	–	20.9	27.7	29.5	32.6	32.8	31.8
국영·지방기관 종사자수	0.6	0.8	1.2	1.3	1.4	1.3	1.4
실업자수	–	2.4	2.6	1.3	1.5	1.8	2.3
실업률(%)	–	11.0	11.4	5.6	6.4	7.7	9.7

2008~9년 기준으로 취업자들은 유용광물 채취에 가장 많은 약 7천 명이 종사하고 있으며, 그다음 건축과 운송에 각각 거의 4천 명, 교육에 약 3천5백 명이 종사하고 있다.[194] 2000년대 후반기에 러시아연방 전체로 볼 때 유용광물 채취에 종사하는 취업자 비율은 약 1.5%에 불과하

지만, 네네츠 자치구에서는 약 25%에 달하고 있어 이 지역에서 석유채취업의 중요성을 실감할 수 있다. 반면 러시아연방 전체적으로 제조업은 15~17%, 도소매업은 16~18%인데 반해, 네네츠 자치구에서는 각각 2%와 4% 조금 넘는 비율만이 종사하고 있어서 이 수치로도 역시 이곳은 가공업이나 서비스업이 아닌 원료채취산업 중심 지역이라는 점을 확인할 수 있다.[195)]

[표 12] 네네츠 자치구 건설 현황 추이[196)]

	1995	2000	2005	2006	2007	2008	2009
건설업체 수(개)	11	36	25	25	32	32	27
건설비용(백만루블)	–	588.9	8,893.5	12,203.5	25,013.1	12,831.7	6,798.1
전년대비 건설비용지수(%)	–	–	124.3	131.7	176.1	43.7	50.7

네네츠 자치구 산업 분야별 총부가가치 구조를 보면, 2005년 유용광물의 생산업이 74.3%, 뒤이어 건설업이 10.4% 등을 차지하고 있어서 네네츠 자치구의 경제를 활력 있게 유지시키는 산업 분야는 바로 광업(사실 석유 및 가스 생산)이라고 할 수 있다. 그런데 2006년에는 각각 65.4%와 18.2%, 2007년에는 59.6%와 29.4%, 2008년에는 66.3%와 16.8%로 건설업의 비중이 다소 늘었다.[197)] 하지만 2009년에 건설업체 수나 건설비용은 다소 위축되었다([표

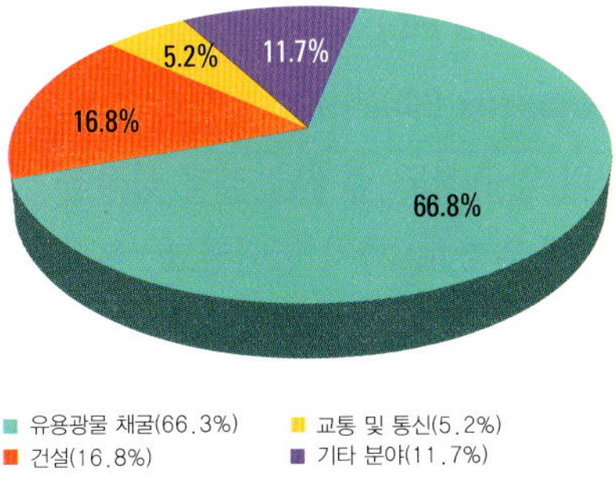

[그림 55] 네네츠 자치구 산업 분야별 총부가가치 구성도(2008년)[198)]

투자비는 최초로 200만 루블을 넘어섰다. 그 결과, 2007년 네네츠 자치구는 러시아연방의 모든 고정자본 투자의 1.3%, 북서연방관구 자본투자의 11%를 차지하게 되었는데, 이것들은 2002년부터 모두 러시아연방에서 1위에 해당하는 것이었다.[204)]

[그림 57]에서도 알 수 있듯이, 2000년대 전반기부터 네네츠 자치구는 북서연방관구 중에서도, 그리고 러시아연방 평균치에 비해서도 가장 비약적인 경제성장을 하였다. 이렇게 거시경제 지표상 엄청난 성장을 하게 된 이유는 바로 오늘날 네네츠 자치구 경제의 중심 분야로서 석유·가스 생산업이 굴지의 발전을 하였기 때문이다. 2007년 네네츠 자치구의 총 산업생산량인 787억 루블 중 석유·가스 생산 부문이 775억 루블을 차지하였다.[206)] 이러한 맥락에서 네네츠 자치구는 2007년 북서연방관구 중 '경제지표로 본 러시아 최고의 지역'으로 선정된 것이다.

[표 14] 네네츠 자치구 기업체와 기관 수 추이[207)]

	2000	2001	2002	2003	2004	2005	2006	2007	2008	2009
기업체와 기관의 수 (국가 등록)	626	703	757	812	917	982	1,024	1,071	1,123	1,147
중소기업체의 수	–	–	–	–	–	–	–	–	–	337

석유·가스 생산업은 주로 대기업이 담당하여 주도하지만, 한편 네네츠 자치구에서는 중소기업도 활발히 움직이고 있다. 중소기업 중 상업, 운송차량 수리, 가정용품 및 개인 용품 매매 분야에 종사하는 비율은 전체의 30%를 넘는다. 산업과 건설업에 종사하는 기업의 비율은 높지 않다. 그 밖에도 중소기업은 운송, 통신, 농업, 다양한 유료 서비스업, 출판 및 인쇄, 비금속 광물 생산 분야 등에 종사하고 있다. 자치구에 등록된 중소기업의 산업생산량은 매년 5~10%씩 안정적으로 증가하고 있다.[208)]

이와 함께 2000년대 네네츠 자치구에서는 그 밖의 여러 경제지수에서도 향상된 모습이 나타났는데, [표 15]를 보면, 예를 들어 화폐 기준 소매업유통량은 2000년에 비해 2009년에는 8배 이상, 1인당 소매업유통량 역시 8배 이상 증가하였다. 또한, 공공 급식량은 무려 30배 가까이 증가하였으며, 주민 유료서비스량도 20배 가까이 증가하였다.

[표 15] 네네츠 자치구 상업 및 주민 서비스업 추이[209]

	1990	1995	2000	2005	2006	2007	2008	2009
소매업유통량(백만 루블) (1990, 1995년은 10억 루블)	0.1	133	536	2,140	2,650	3,333	3,946	4,453
1인당 소매업유통량(루블) (1990, 1995년은 천 루블)	1.9	3,023	13,040	50,948	63,142	79,364	93,903	105,634
전년대비 소매업유통량 지수(%)	107.4	83.6	115.6	111.4	112.7	118.2	110.1	107.6
공공급식량(백만 루블) (1990, 1995년은 10억 루블)	0.01	3.8	20	182	259	376	600	568
전년대비 공공급식량 지수(%)	102.7	63.7	116.5	142.9	120.3	120.4	137.0	87.1
주민 유료서비스량(백만 루블) (1990, 1995년은 10억 루블)	0.01	26	84	325	544	785	1,122	1,634
전년대비 주민유료서비스지수(%)	112.3	…	114.6	110.1	141.4	124.0	119.4	118.4

그런데 최근 2010년 네네츠 자치구 석유 생산량은 다소 감소하였고, 이에 따라 총 산업지수 역시 조금 낮아졌다. 바렌츠 옵서버(Barents Observer) 보고서에 따르면, 국제 석유시장 가격의 상승에도 불구하고, 네네츠 자치구에 있는 석유회사들은 전년만큼 생산량을 유지하지 못했다. 2010년 네네츠 자치구 바렌츠 정보센터 최신 보고서에 따르면, 석유 생산량은 약 1,790만 톤으로서 4.8% 떨어졌고, 결국 총 산업생산량도

[그림 58] 나리얀-마르 시의 상점[210)]

4.8% 감소하였다. 나리얀-마르 시에 있는 노르웨이 바렌츠사무국 정보센터(Информационный центр норвежского Баренцсекретариата)가 작성한 바렌츠 정보센터 보고서(Отчёт Баренцмониторинга)에 따르면, 네네츠 자치구의 2010년 경제는 여전히 안정적이기는 하지만 그다지 성공적이지는 못했다고 평가되었다.[211)]

하지만 2010년의 다른 경제 지수는 양호한 상태를 유지하였다. 2010년 기준 전력 공급량은 10억 2,210만kWh로서 전년에 비해 12.1% 성장하였다([표 16] 참조).[213)] 주민 서비스업은 전년보다 무려 22.2% 성장하였다. 또한, 심각한 침체를 보였던 건설업도 2009년보다 60% 발전하였

[표 16] 네네츠 자치구 전기생산량 추이(단위: 백만 kWh)[212)]

1990	1995	2000	2005	2006	2007	2008	2009	2010
171	107	112	388	529	639	773	977	1,022

다(108억 루블).[214] 고정자본 투자는 2009년에 비해 1.4% 증가하여 38조 4,670억 루블에 달했다. 석유와 가스 생산 부문에 투자의 대부분이라 할 수 있는 86.8%가 집중되었다. 외국인 투자는 5억 3,710만 달러였던 2009년 수준보다 2010년에는 11.1% 증가하였다. 가장 큰 투자국은 외국 총 투자의 91.1%를 차지하는 프랑스이며, 그중 주요투자자는 바로 '토탈(Total)' 회사이다. 2010년 취업자는 4% 감소하여 26,400명에 머물렀으며, 2011년 1월 말 시점 실업자 비율은 3.8%이다. 네네츠 자치구 1인당 평균 월급은 여전히 러시아에서 가장 높은 축에 속한다. 2010년 평균 월급은 4,7347.8루블이었고, 그것은 2009년보다 7.2% 오른 것이었다.[215]

2. 자연자원

• 유용광물

네네츠 자치구 경제 발전에서 광물 원료는 중요한 위치를 차지하고 있다. 자치구 산업생산에서 석유 생산이 차지하는 비중은 90% 이상이다. 네네츠 자치구는 막대한 석유·가스 채굴량 및 잠재량을 지닌 티만-페초라 석유·가스 지역(Тимано-Печорская нефтегазоносная провинция)의 북부에 위치해 있다.

네네츠 자치구에는 81곳의 탄화수소 원료(석유 및 천연가스) 산지가 있다. 개발 정도에 따라 분류하면, 이미 개발된 산지가 16곳, 개발 준비 중인 산지가 19곳이며, 38곳은 탐사 중이고, 2곳은 개발이 중단된 상태이다.

가까운 장래에 약 10곳의 탄화수소 원료 산지와 8곳의 석유 산지가 더 개발될 예정이다. 석유 운송을 위해 모든 채굴 산지로부터 채굴 지역 내는 물론, 채굴 지역 간에도 석유파이프라인 건설 확충이 더 필요한 상태

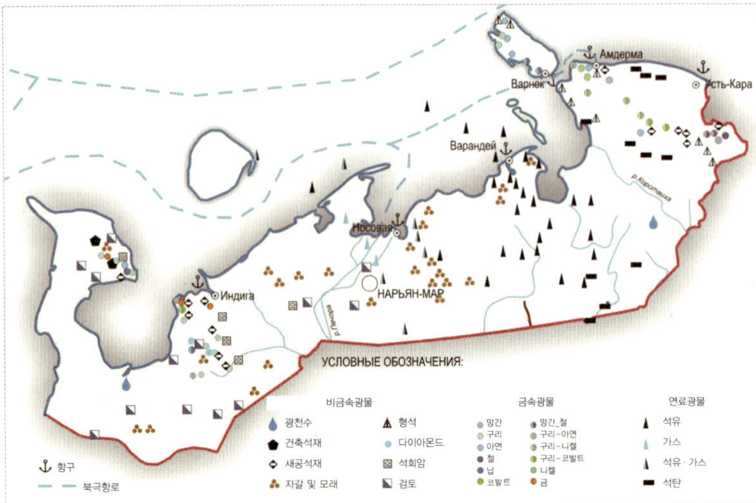

[그림 59] 네네츠 자치구 지하자원 분포도[217)]

이다.

네네츠 자치구에서 석유 채굴량 수준은 8%에 불과하며, 천연가스 채굴량도 1%도 되지 않기 때문에 앞으로 석유 및 가스의 생산 잠재력은 대단히 높다고 할 수 있다. 석유, 가스 외에도 네네츠 자치구에서는 석탄, 망간, 니켈, 구리, 몰리브덴, 금, 다이아몬드가 발견되고 있다. 그러나 그러한 광물은 아직 채굴되지 않고 보존되고 있다. 바이가치 섬에서도 아연 및 구리 광석이 발견되었다.[216)]

• 토지 자원

네네츠 자치구의 토지 면적은 1999년 1월 1일 시점 17,681,048헥타르에 달한다. 토지는 다음과 같이 분류된다. 농업용 토지 - 16,799,300헥타르(95.01%), 거주지 - 12,400헥타르(0.07%), 산업기업, 교통 및 기타 비농업용 토지 - 39,800헥타르(0.23%), 자연 보전용 토지 - 2,000헥타르(0.01%), 예비 토지 - 827,500헥타르(4.68%) 등이다.

농업용 부속지(초원, 목초지, 경지)의 면적은 25,900헥타르이며, 자치구 전체 토지의 0.15% 미만에 불과하다. 산림은 847,800헥타르(4.8%), 소택지는 1,089,300헥타르(6.2%), 수면적은 1,000,400헥타르(5.66%)를 차지한다. 순록 목초지는 13,202,200헥타르(74.67%)에 달한다. 혹독한 기후 탓에 농업용 토지 대부분은 주로 순록 목초지 정도로만 활용되고 있다.[218)]

• 식물 자원

네네츠 자치구는 주로 툰드라(76.6%)와 산림 툰드라(15.4%) 지대로 구성되어 있고, 남서부는 북부 타이가의 하위 지대(8%)에 속해 있다. 툰드라 지대는 다시 북극(4.9%), 산악(3.5%), 북부(10.3%), 남부(57.9%)로 하위지대가 나뉜다.

툰드라 북극 지대(카라 해(Карское Море) 연안과 바이가치 섬(остров Вайгач))는 식물이 자라지 못하는 지역이 꽤 있다. 강풍과 눈에 노출된 건조한 지면의 동토는 온통 균열이 가 있으며, 툰드라의 표면은 다각형으로 서로 떨어져 있다. 식물은 대부분 이끼(мох), 지의류(лишайник), 풀로 구성되어 있다. 즉, 그것들은 주로 작은 사초(осока: 다년초 벼과 식물), 곡초(злаки: 포아과 식물), 황새풀(пушица), 관목 아마(стланцевая форма кустарников) 종류 같은 것들이다.

툰드라 산악 지대에는 사초 지의류 군락(осоково-лишайниковая ассоциация), 그리고 버드나무(ива)나 난쟁이 자작나무(карликовая береза)로 이루어진 경사 재배 과수원(지면에서 경사된 각도로 과수를 재배하는 방법)의 관목들이 주로 자라고 있다.

툰드라 북부 지대는 소토지 툰드라(Малоземельская тундра)의 북부를 둘러싸고 있으며, 대토지 툰드라(Бдльшеземельская тундра)의 대규모 구릉과 파이호이 능선(хребет Пай-Хой)의 남부 경사면에 맞닿아 있다. 이곳은 이끼와 지의류로 덮여 있으며, 종려나무과 자작나무와 드워프 버드나무 종(низкорослые виды ив)으로 이루어진 풀숲이 있다. 잔디 사초 늪(травяно-осоковые болота)이 지역 대부분을 덮고 있으며, 강과 개울의 골짜기에는 다종다양한 풀과 곡초(злаки)가 우거진 버드나무 숲과 툰드라 초지를 발견할 수 있다.

툰드라 남부 지대에는 대부분 지역이 종려나무과 자작나무의 풀숲, 그리고 다양한 종의 버드나무, 철쭉(багульник), 노간주나무(можжевельник)로 덮여 있다. 이끼와 지의류가 두텁게 덮여 있으며, 관목(кустарничек), 풀, 습지 식물로 이루어진 대규모 단지가 광범위하게 펼쳐져 있다.

산림 툰드라 지대의 산 능선 부분에는 숲이 거의 없으며, 강의 계곡과 섬들의 남쪽 언덕 경사면에 작은 숲들이 있다. 후자의 지대에 있는 나무 종류는 툰드라와 소택지 영역에 퍼져있는 키 작은 전나무(ель), 자작나무(береза), 그리고 드물게는 낙엽송(лиственница) 등을 꼽을 수 있다.

북부 타이가 하위지대의 특징은 주로 전나무와 전나무과 자작나무 숲으로 이루어진 군락지(сомкнутая древесная растительность)가 대규모로 존재한다는 점이며, 모래 강 변 단층을 따라 그리고 소택지에도 소나무(сосна)가 자라고 있다. 강의 침수지에는 다양한 종류의 버드나무와 오리나무(ольха)로 이루어진 우거진 수풀 지역과 사초 소택지가 번갈아가며 이어지고 있다. 툰드라의 초원과 늪에는 다양한 곡초(갈대 잔디(вейник), 야생 목초(мятлик), 뚝새풀(лисохвост), 붉은 쌀보리(красная овсяница))가 자란다.[219)]

네네츠 자치구에는 600종 이상의 꽃식물과 수백 종의 이끼와 지의류가 있다. 주로 조류(약 80종)가 있는 연안 바다에는 갈색 조류(водоросли)가 주종을 이루며, 강에서는, 그리고 물이 흐르고 있는 호수에서는 사초, 쇠뜨기(хвощ), 북극 식물의 일종인 아륵토필라(арктофила) 등이 다수를 이룬다. 강의 식물성 플랑크톤으로는 규조류(диатомовые водо-

[그림 60] 나리얀-마르 시 근교 툰드라의 여름 벌판[220)]

росли)와 청록색 규조류가 대부분이며, 호수에는 녹색 규조류가 주로 있다.

네네츠 자치구 식물계에는 주로 북방 계열의 종이 광범하게 퍼져 있고, 타이가 계열의 종도 아주 광범하게 퍼져 있다. 꽃 중에는 곡초, 십자과(крестоцветные), 사초, 버들 등이 있다. 기존의 관목, 이끼, 지의류 대신에 인간이 식물계에 영향을 주면서 이차적으로 형성된 식물계의 풀도 나타나고 있다. 이차적인 식물계로 이루어진 거대한 지역은 대토지 툰드라에서, 그리고 개간된 토지나, 석유와 가스가 채굴되고 있는 지역에서 발견된다.[221)]

네네츠 자치구 주민에게 매우 중요한 것은 식용 식물이다. 그러한 예로서 딸기류나 식용 풀 등을 들 수 있는데, 자치구 북부 지역에는 호로딸기(морошка), 블루베리(голубика), 월귤 나무(черника), 월귤 나무(брусника), 시로미(вороника) 등이 자라고 있다. 남부 지역의 산림 툰드라와 타이가 지대에는 강의 계곡을 따라 붉은색과 검은색의 구즈베리(смородина), 인동덩굴(жимолость), 딸기(земляника), 들장미(шиповник) 등을 발견할 수 있다. 따뜻한 시기에는 마하레브 벚꽃(черемуха)과 마가목(рябина)

이 자라고, 소토지 툰드라의 남쪽과 카닌–티만(Канино-Тиман) 지역에는 일년생 월귤 나무가 자란다. 식용 재료로 수영(щавель), 야생 부추(дикий лук), 기타 초원 식물이 쓰이고 있다.

침수된 목초지에는 사료용 식물 자원이 풍부하다. 예를 들어 곡초, 콩과 식물(бобовые растения), 여러 가지 초원 풀, 사초 등이 있다. 순록 목장에는 지의류 식물 종이 대규모로 퍼져 있으며, 사방에서 약용 식물이 자라고 있다.

네네츠 자치구에는 100여 종 이상의 갓버섯(шляпочные грибы)이 있으며, 북쪽에서 남쪽으로 내려갈수록 버섯 종류가 다양해진다. 북부 툰드라에는 식용 버섯의 일종으로 무당버섯(сыроежка), 그물버섯(моховик), 우유버섯(груздь), 자작나무버섯(подберезовик) 등이 자라며, 남쪽에는 붉은색이 도는 오렌지모자 그물버섯(подосиновик), 산림 툰드라와 타이가에는 우유버섯, 송이버섯류인 맛 배젖버섯(рыжик), 식용 버섯의 일종인 배젖버섯(волнушка) 등이 자라고 있다.[222)]

• 동물 자원

수산 생물자원 중에서는 생선 자원이 가장 경제적으로 가치가 높다. 네네츠 자치구 경계에 있는 수산 영역으로는 백 해, 바렌츠 해, 카라 해 근해 이외에도 26,600㎢에 달하는 1,542개의 강과 개울이 있다. 수산 영역으로는 또한 총 100,200헥타르의 수면 면적을 보유한 161개의 거대한 호수도 포함된다.[223)]

강과 호수에는 30종 이상의 물고기가 서식한다. 물이 흐르는 곳에는 연어(сёмга), 연어의 일종인 오물(омуль) 등이 있고, 물이 약하게 흐르는 곳에는 시베리아 송어(нельма), 시베리아 연어(сиг), 붕장어(ряпушка) 등이 살며, 물이 막힌 곳에는 꼬치고기(щука), 황어(язь), 농어(окунь), 대구과의 모캐(налим), 연어의 일종인 펠랴디(пелядь)와 사루기(хариус) 등이 있다. 바다 연안에는 청어(сельдь), 북해산 대구(навага), 가자미(камбала), 북극해산 대구(сайка), 유럽산 빙어(корюшка) 등 약 50종의 해양 어류가 있다.

툰드라, 타이가 등의 북극 황무지 거주민에 따르면, 수많은 수생 무척추 생물체가 이곳에 살고 있다. 예를 들어 적충류(инфузория), 선충류(нематоды), 윤충류(коловратки), 하등 갑각류(ракообразные), 연체동물(моллюски) 등이 있다. 모기(комар), 등에(мошка), 말파리(овод)와 같이 피를 빨아 먹는 곤충류도 다양하게 있다. 입이 둥근 생물체 중에는 칠성장어(минога)도 있다.[224)]

양서류로는 산개구리(травяная лягушка), 네 발가락 도롱뇽(сибирский углозуб), 일반 두꺼비(обыкновенная жаба) 등을 발견할 수 있고, 파충류로는 태생 도마뱀(живородящая ящерица)이 있다. 약 160종에 달하는 다양한 종류의 조류가 있는데, 그중 110종의 새들은 자치구에 둥지를 틀고, 약 20종은 월동을 한다. 종류도 많고 개체 수도 많은 새로는 참새류(воробьиные птицы)와 도요새류(ржанкообразные птицы)가 약 40종 이상이며, 물새류(водоплавающие птицы)가 약 30종이 있다. 거위(гусь)와 오리(утка)는 상업적 가치가 높으며, 뇌조(белая куропатка)는 툰드라와 산림 툰드라의 대표적 조류 중 하나이다.[226)] 뇌조는 수렵의 주요 대상이며, 개체 수는 1㎢당 30~60개의 둥지가 있는 것으로 파악되고 있다.[227)]

지상의 포유류는 31종이 발견되고 있다. 가장 많은 설치류는 나그네쥐(лемминг)와 들쥐(полёвка)이며, 타이가에는 다람쥐(белка)가 있다. 또 다른 포유류로는 북

[그림 61] 물고기를 잡는 네네츠인[225)]

극 뾰족뒤쥐(бурозубка)와 북극토끼(заяц-беляк)가 있다. 맹수류로는 북극여우(песец), 늑대(волк), 여우(лисица), 오소리(росомаха), 불곰(бурый медведь), 백곰(белый медведь), 족제비(куница), 수달(выдра), 담비(горностай)가 있고, 양제류(발굽이 갈라진 동물)로는 야생 북방순록(дикий северный олень)과 큰사슴(лось)이 있다.[228)]

기본적인 수렵 포유류 대상은 여우, 토끼, 담비 등이다. 아주 드물게 갈색 곰, 여우, 늑대, 족제비, 수달, 사향쥐(ондатра) 등과 마주칠 수 있다. 노바야 제믈랴(Новая Земля(신토지))와 대륙 툰드라(материковая тундра)에서는 야생 북방순록이 살고 있다(7,000~12,000마리 추정). 백곰(белый медведь)은 바렌츠 바다 해안을 따라 체코 만까지 발견된다. 경제적으로 가치가 있는 수렵 대상 동물로는 여우를 꼽을 수 있다. 그 주요 수렵 지역은 대토지 툰드라와 유고르스키 반도(Югорский полуостров)의 북쪽에 있다.[229)]

연안 바다에서는 해양 포유류를 발견할 수 있다. 예를 들어 흰돌고래(белуха), 북대서양 고래(североатлантическая морская свинья), 일각고래(нарвал), 바다표범(кольчатая нерпа), 해표(морской заяц), 회색 바다표범(серый тюлень), 대서양 바다코끼리(атлантический морж)가 있다. 해양 포유류 중에는 바다표범과 해표만이 주요 사냥 대상이 된다.

네네츠 자치구에서 몇몇 동물은 새로운 환경과 풍토에 길들었다. 설치류 중에서 이러한 예로 아메리카 사향쥐(ондатра)를 들 수 있는데, 이들은 전 지역에 광범위하게 퍼져 있고, 사냥의 주요 대상이기도 하다. 어류 중에는 철갑상어(стерлядь)를 꼽을 수 있는데, 이제 그 개체 수는 매우 줄어들었다. 바렌츠 해 연안지역 환경에 길든 사할린 송어(горбуша)도 대표적인 사례인데, 일부는 산란처로 갔다 돌아오기도 한다.[230)]

3. 농업

네네츠 자치구 농업은 지역경제의 기초이자 원주민의 기본적인 생계 원천이다. 네네츠 자치구 농업은 바로 이 지역의 전통 분야인 순록 사육과 어업이다. 이제 네네츠인 중 14%만이 목축에 직접 관여하고 있지만, 여전히 순록 사육은 네네츠인 생활양식의 중심을 이루고 있다. 순록은 가족들의 생계와 생활을 위해 기본적으로 필요하지만, 고기와 뿔은 판매되기도 한다. 순록고기는 주로 네네츠 자치구 내에서 판매되는데, 고기 가격은 예로부터 돼지고기나 소고기보다도 싸며, 코미 공화국과 아르한겔스크 주에도 순록고기 판매시장이 있다. 소련 시대 이후 오늘날까지 순록 사육 기업체들은 큰 변화 없이 이어지고 있다. 사업체 수에서 약간 변화가 있고, 또한 상품성, 시장성이 중요시되고 있지만, 여전히 동일한 사업 모델이 유지되고 있다.[231)]

목장 규모에 따라 순록 개체 수가 자연스럽게 정해지는데, 때때로 800~1,000km 길이까지 순록 목장이 이어지기도 한다. 2000년 시점 개인 농장에 속한 순록은 134,800마리가 있는 것으로 추산되었다. 1993년부터 순록 사육을 포함한 농업은 새로운 세금 체제, 국가지원의 감소, 농산물과 장비 가격의 불균형, 운송비용의 급상승 등으로 고통받고 있다.

[그림 62] 페초라 강의 화물선

네네츠 자치구의 또 하나의 주요 경제는 어업이다. 네네츠 자치구에서 어업 구역으로는 거의 3,000킬로미터에 달하는 백 해, 바렌츠 해, 카라 해 해안선과, 4,000㎞에 달하는 수로, 무수히 많은 크고 작은 호수, 페초라 강 어귀 등이 있다. 이 모든 민물과 바닷물에는 다양한 어종(연어, 오물, 북미산 연어(белорыбица), 태평양 청어, 북해산 대구 등)이 살고 있거나, 살을 찌우고, 겨울을 나며, 새끼를 낳고, 이동하고 있다. 페초라 강 유역의 환경오염 탓에 1980년대부터 페초라 강에 서식하는 다양한 어종의 번식 조건이 변화되거나, 어장이 축소되기도 하였다. 예를 들어 1990년에 약 40~60만 마리였던 송어 번식량은 2000년대 초반에는 8~20만 마리로 줄었다. 연어 어업은 중단되었다. 하지만 전통적으로 이어져 온 내륙지 어업은 여전히 매우 활발한 상태로 유지되고 있다. 어업 면허증을 소지한 가족이나 기업체는 해안에서 더 멀리 나아가 물고기를 낚을 수 있다.[232)]

네네츠 자치구 농업은 내부적으로 농업, 어업, 농가공업으로 나뉘어 있고, 사업체는 공동기업 및 사기업 형태로 나뉘어 있다. 사업체 수를 종류별로 나누면 25개의 기업, 38개의 농장, 192개의 개인 부업농장이 있다. 약 3천 명이 농업에 종사하고 있으며, 그들 중 2천 명은 주로 네네츠인 중심의 북방 토착 소수 인종이다.

현재 네네츠 자치구에는 4척의 어선을 보유한 11개의 어업생산협동조합, 17개의 집단농장, 3개의 가족 공동업체, 14개의 비법인 개인 기업들이 어업에 종사하고 있다. 이외에도 현재 네네츠 자치구에는 우유와 고기를 생산하는 11개의 축산기업이 있다.[233)]

[표 17]에서 보듯이 1990년대 개혁 이후 2000년대에도 생산가격 기준 농업총생산량은 대체로 꾸준히 늘고 있는 편이다. 하지만 농작물 총 파종면적은 약 200헥타르 수준에서 현재는 약 100헥타르 수준으로 줄었다. 또한, 소, 돼지, 양, 염소 등 가축 개체 수도 절대적인 양 측면에서

계속 줄었으며, 가축 및 가금류 도축 중량과 우유도 2000년대 후반 다소 감소하였다. 반면 감자나 채소 생산량은 조금 줄었다가 늘어나거나, 혹은 유지되고 있는 형편이다. 따라서 전체적으로 생산가 기준 농업생산량은 증가하였지만, 사실 네네츠 자치구 농업은 현재 정체 상태에 있다고

[표 17] 네네츠 자치구 농업개황[234)]

	1990	1995	2000	2005	2006	2007	2008	2009
농업총생산량(백만루블) (1995년은 10억루블)	–	32	161	282	442	424	552	559
전년대비 농업총생산량지수(%)	91.3	–	90.6	96.9	109.0	90.0	106.2	101.0
농작물 총 파종면적 (천핵타르)	0.2	0.2	0.2	0.2	0.2	0.2	0.1	0.1
가축의 수(천마리)	9.1	5.3	4.1	2.7	2.4	2.3	2.1	1.8
(그중 소의 수)	3.6	2.6	1.9	1.1	1.1	1.0	0.9	0.8
돼지의 수(천마리)	1.3	0.1	0.1	0.0	0.0	0.0	0.0	0.0
양과 염소(천마리)	1.6	1.2	0.6	0.3	0.3	0.3	0.1	0.1
감자(천톤)	0.3	2.1	2.7	1.8	1.6	0.9	1.2	1.2
채소(천톤)	0.1	0.0	0.1	0.1	0.1	0.1	0.1	0.1
가축 및 가금류 도축중량(천톤)	4.0	2.5	1.5	1.3	1.5	1.4	1.4	1.4
우유(천톤)	11.5	7.2	6.0	4.4	4.4	4.2	3.7	3.6
계란(백만개)	–	–	–	0.0	0.0	0.0	0.0	0.0

평가할 수 있다.

이러한 사실은 농업 생산물의 양적 규모를 분야별로 나누어 보면 더 명확히 드러난다([표 18] 참조). 1990년대 초에 비하면 현재 모든 생산량은 절대적으로 줄었다. 2000년대 후반 어류 및 육류 생산량은 좀 회복되거나 늘었지만, 유제품 및 빵 제품 생산량은 계속 줄고 있다.

[표 18] 네네츠 자치구 각종 농산물 생산량 추이[235)]

	1990	1995	2000	2005	2006	2007	2008	2009
어류 생산량(천톤)	21.9	12.2	8.2	7.5	7.5	8.2	8.4	10.2
육류 생산량(천톤)	2.6	0.7	0.6	0.4	0.6	0.6	0.8	0.8
유제품 생산량(천톤)	6.6	1.8	2.2	2.3	2.2	2.3	2.3	2.1
빵제품 생산량(천톤)	4.6	3.7	3.2	2.8	2.7	2.7	2.5	2.5

이와 같은 농업 정체 현상을 타개하기 위해 네네츠 자치구는 '2011~2015년 네네츠 자치구 농산물, 원료, 식품 시장의 형성과 조절(Формирование и регулирование рынка сельскохозяйственной продукции, сырья и продовольствия в Ненецком автономном округе на 2011-2015 годы)'이라는 장기 프로그램을 마련했다. 이 프로그램은 낙농, 축산, 목축, 어업을 포함하여 농업의 모든 분야를 발전시키기 위한 것이다. 농업 발전 프로그램의 구체적 예를 들면, 생선 가공공장, 생선 저장시설 및 냉동 창고, 냉장 시설, 농장, 온실, 도살장, 통조림 제품 생산설비 등의 건설, 그리고 농산물 운송 차량과 제트엔진 보트 등의 제공, 원활한 전기 공급, 농산물 전시회 및 경연 대회 개최, 농민의 날 지정 및 지원비 지급 등을 들 수 있다.[256)]

네네츠 자치구 행정부는 농업 기업 및 농장이 효과적으로 운영될 수 있는 환경을 조성하고, 주민이 거주하는 마을의 사회적 여건을 개선하며, 원료 가공공장을 지원하고, 생선, 육류 및 낙농 제품을 주민에게 원활히 공급하는 데에 무엇보다도 주안점을 두고 있다.[237)]

4. 에너지 산업

1980년대 이전에 네네츠 자치구 경제는 천연자원에 기초한 농업(순록 사육), 어업, 농산물 가공, 목재업 등이 주도하였다. 하지만 1980년대 말부터 에너지 산업이 성장하기 시작하여, 2001년에 이미 석유 생산은 460만 톤, 천연가스 생산은 9,300만㎥, 여기에 수반 가스(associated gas: 석유와 함께 부존된 천연가스)를 포함하면 가스 생산은 총 3억 4,200만㎥에 달하게 되었다. 채굴된 석유는 자치구에서 가공 처리되지 않고, 러시아의 다른 지역과 외국으로 수출된다.[238)]

2000년대에 석유 생산량은 계속 늘어 2009년에는 1,880만 톤에 달하게 되었다([표 19]참조). 2009년에 생산량이 최고조에 이른 것은 바로 남 힐리추유스코예 산지(Южно-Хыльчуюское месторождение)의 개발로 가능했다. 석유 매장량과 채굴 능력으로 볼 때 네네츠 자치구는 매년 약 3,000~3,700만 톤의 생산량을 확보할 수 있을 것으로 평가된다.[239)]

연료 산업이 네네츠 자치구 산업 생산에서 차지하는 비중은 현재 98%가 넘는다. 최대 석유 회사들로는 로스네프티(Роснефть), 루코일-코미

[표 19] 네네츠 자치구 석유 생산량 추이(단위: 백만 톤)[240)]

1990	1995	2000	2004	2005	2006	2007	2008	2009	2010
1.2	2.7	4.5	10.5	12.1	13.0	13.6	14.6	18.8	17.9

(ЛУКОЙЛ-Коми), 극광회사(Компания Полярное Сияние), 토탈 러시아 탐사개발(Тоталь Разведка Разработка Россия), 나리얀-마르 석유·가스(Нарьян-Марнефтегаз) 등이 있다.[241] 다른 석유 생산지와 차별화된 네네츠 자치구만의 강점은 바로 석유·가스 지역에 대한 수준 높은 연구, 그를 위한 완벽한 시설 확충, 유럽 판매시장에 대한 근접성 등을 꼽을 수 있다.

2009년 1월 1일 시점 네네츠 자치구에는 83개의 탄화수소 원료 산지가 있었다. 당시 그 중 60곳이 정부로부터 채굴 인허가를 받은 상태였는데, 실제로는 21곳만이 채굴되었다. 아직도 인허가를 받지 않은 곳의 석유 매장량 예상치는 네네츠 자치구 석유 총 매장량의 24%에 달할 것으로 추정되었고, 가스는 19%에 달할 것으로 추정되었다.[242]

네네츠 자치구에서 이러한 에너지 산업의 성장은 기업들의 투자로부터 비롯된 바가 크다. 로스네프티, 루코일, 토탈(Total), 수르구트 석유·가스(Сургутнефтегаз), TNK-BP와 같은 기업들의 투자액이 어림잡아 총 투자의 90%를 차지하고 있다. 이 투자에는 새로운 석유전과 가스전의 개발은 물론 바렌츠 해 송유관과 남부로의 송유관 건설이 포함되어 있다. 이를 통해 지방을 지나 러시아 전체 송유관 연결망으로 기름과 가스가 운송된다. 네네츠 자치구에 있는 80개 이상의 독립 유전과 가스전 개발지에는 전체적으로 약 50억 톤의 기름과 약 5,000억m^3의 가스가 있는 것으로 추정된다.[243]

[표 20]을 보면 오늘날 네네츠 자치구에서 어떠한 산업이 중심인지를 명확히 알 수 있다. 2000년대에 유용광물 채굴업에 종사하는 기업체 수는 계속 늘고 있으며, 생산액도 비약적으로 증가하고 있다. 반면 제조업의 생산액은 점진적으로 증가하고 있지만, 여기에 종사하는 기업체 수는 급속히 줄고 있다. 또한, 전기·가스·수도 생산 및 유통업 기업체 수도 보합세이거나 줄고 있다. 이러한 점으로 볼 때 네네츠 자치구의 오늘

[표 20] 네네츠 자치구 유용광물 채굴업, 제조업, 전기·가스·수도 생산 및 유통 추이[244)]

		1995	2000	2005	2006	2007	2008	2009
산업부문별 기업체 수	유용광물 채굴업	–	–	22	26	26	32	34
	제조업	–	–	116	106	102	72	69
	전기 · 가스 · 수도 생산 및 유통	–	–	62	65	64	59	62
산업부문별 생산액 (백만루블)	유용광물 채굴업	–	–	41,898	50,636	77,581	88,966	139,683
	제조업	–	–	345	427	498	573	802
	전기 · 가스 · 수도 생산 및 유통	–	–	500	668	717	927	1384
전년대비 산업생산지수(%)		90.3	109.0	115.4	104.8	105.2	108.2	126.3

날 경제적 성격은 제조 및 가공이 아니라 에너지 자원 채취에 점점 더 의존해 가고 있음을 알 수 있다. 채굴업의 생산액은 오늘날 전 산업 생산액에서 98%가 넘을 정도로 절대적 비중을 차지하고 있다.

5. 운송 및 통신

1920년대까지 자치구 영토에는 실질적으로 교통망이 부재하였다. 강이나 바다가 녹아 항해할 수 있는 시기에는 산발적으로 선박이 다녔고, 보트나 바지선이 이용되거나, 겨울에는 마차나 순록 썰매가 동원되었다.[245)] 늪지가 많아서 오늘날도 역시 자동차도로가 많이 보급되지 못하였고, 개인 승용차 보유량도 적은 편이다. 러시아연방 내에서 자동차 보유 비율이나 자동차도로 건설 비율이 83개 주에서 약 70위 정도로 최하위 권에 속한다.[246] 겨울에 강과 늪지의 물이 얼면 얼음판 위의 임시도로를 따라 자동차가 통행할 수 있다. 하지만 오늘날 네네츠 자치구에는 다음과 같이 다양한 교통 및 운송 수단을 동원하여 이러한 문제를 해결하고자 노력하고 있다.

• 자동차 운송

네네츠 자치구 도로망은 연방과 지역 차원의 공공 도로와 여러 부처 및 관청의 지원금으로 건설된 관공서 도로로 구성되어 있다. 1960년대 이후 겨울에도 물자를 수송하기 위하여 임시 도로와 항구적인 겨울 도로를 건설하였다. 2003년 시점 공공 도로의 길이는 229㎞에 달하며, 그 중 연방 도로는 4㎞(1.7%), 지역 도로는 225㎞(98.3%)이다. 포장도로의 길이는 179㎞(76.7%)이다. 관공서 도로와 겨울 도로의 길이는 1,000㎞에 달한다.[247]

앞으로 네네츠 자치구 도로 운송 발전 전망은 나리얀-마르 시와 우신스크 시(город Усинск)를 연결하는 도로의 건설에 달려 있다. 그 도로는 네네츠 자치구의 중심과 탄화수소 원료 채굴지들을 연결하며, 또한 이를 통하여 네네츠 자치구와 코미 공화국 간의 지상 운송로가 연결되고 더 나아가 전 러시아 지역과도 연결될 수 있다.

[표 21] 네네츠 자치구 도로 운송 실태[248]

	1990	1995	2000	2005	2006	2007	2008	2009
포장도로의 길이(㎞)	56	113	150	183	197	197	201	198
모든 경제 활동 유형의 도로 수송 처리량. (백만톤/㎞)	25	15	16	69	153	138	138	112
버스수송 승객량 (백만승객/㎞)	26	11	20	15	11	11	11	11

[표 21]에서 보듯이, 최근 포장도로는 약 200㎞까지 늘어났다. 또한, 2000년대 전반기와 비교하면 후반기 도로 운송 처리량은 7~10배 늘어난 상태이다.

• 철도 운송

네네츠 자치구에서 철도는 아직 제대로 발전하지 못하였다. 하지만 2030년까지 러시아 철도 발전 계획에 따르면, 코미 공화국으로부터 네네츠 자치구의 인디가 농촌형 부락(посёлок Индига)까지 연결되는 노선(예상 투자액 1,000억 루블), 그리고 카라 해(Карское Море) 해안을 따라 이어지는 노선(약 200억 루블) 등 두 개의 철도 건설이 예정되어 있다.[249)]

이외에도 러시아 철도청에 따르면, 자폴랴르니 군(Заполярный район)의 주거지를 연결하는 두 개의 철도 건설 계획이 준비 중이다. 하나는 코미 공화국의 보르쿠타 시(город Воркута)로부터 네네츠 자치구의 동쪽 끝에 있는 우스티-카라 농촌형 부락(посёлок Усть-Кара)으로 연결하는 것이며, 또 하나는 코미 공화국에 있는 소스노고르스크 시(город Сосногорск)로부터 네네츠 자치구 서쪽에 있는 인디가 농촌형 부락(посёлок Индига)으로 연결하는 것이다.

또한, 해당 기관 담당자들은 우스티-카라 노선을 암데르마 농촌형 부락(посёлок Амдерма)까지 연장하는 것을 구상하고 있다. 이를 통해 매장 광물을 채취하고 운송할 수 있는 통로가 마련될 것이며, 또한 이에 대한 경제적 타당성도 확보될 것이다.[250)]

• 항공 운송

네네츠 자치구 운송망에서 가장 중요한 역할을 하는 것이 바로 항공이다. 이러한 역할을 하는 두 개의 주요 기업이 있는데, 하나는 나리

[그림 63] 나리얀-마르 시의 공항[251)]

얀-마르 연합비행사(Нарьян-Марский объединенный авиаотряд)이며, 또 하나는 암데르마 공항(Аэропорт Амдерма)이다. 중심부에 있는 나리얀-마르 시는 항공로를 통해 네네츠 자치구의 모든 거주지와 연결되어 있고, 외부로는 아르한겔스크, 모스크바, 상트페테르부르크 등과 정기항공노선이 있으며, 이를 통해 모든 러시아 지역과 실질적으로 연결되어 있다.

나리얀-마르 비행장은 'B'등급이며, АН-24, АН-26, ТУ-134, ТУ-152, ИЛ-76, БОИНГ-737 모델의 비행기들을 수용할 수 있는 현대적 시설을 갖추고 있다. 나리얀-마르 비행사는 АН-2 비행기와 МИ-8Т, МИ-8 МТВ-1 헬리콥터로 구성되어 있으며 주로 지방의 항공수송을 담당하고 있다.[252)]

[그림 64] 네네츠 자치구의 주요 교통수단인 헬리콥터[253)]

• 해상 운송

네네츠 자치구에서 선박이 항해할 수 있는 수로의 길이는 240㎞가 넘는다. 주요 항구는 나리얀-마르 항구(порт Нарьян-Мар)와 암데르마 항구(порт Амдерма)이며, 그 외로도 백 해, 바렌츠 해, 카라 해로 흐르는 강 하구에 16개의 항구가 있다. 나리얀-마르 항구에는 바다와 강을 운항하는 배들이 동시에 드나든다. 항구는 동결되어 있을 때가 많아서, 항구를 이용할 수 있는 기간은 135~150일 정도이다. 주요 해운사로는 네네츠 국제화물운송회사 ТРАНС-НАО(Ненецкая международная транспортно-экспедиторская компания ТРАНС-НАО)와 북방 해운회사(Северное речное пароходство) 등이 있다. 네네츠 자치구의 암데르마 항구는 북극 해로에 위치해 있다.[254)]

페초라 강 변 거주지 사이를 연결하는 정기 여객 운수로는 나리얀-마르 교통회사(Нарьян-Марская транспортная компания)의 여객선이 있다. 화물 운송은 페초라 강 해운회사(СК Печорское речное пароходство)와 페초라 강 항구회사(ОАО Печорский речной порт)가 담당하고 있다. 2005년에 네네츠 자치구 예산으로 강의 선착장을 건설하였다. 페초라 강은 여름에 화물을 운송하는 주요 통로로 이용된다.

[그림 65] 페초라 강 항구 하역장[256]

앞으로 우스티-카라 농촌형 부락(посёлок Усть-Кара)과 암데르마 농촌형 부락(посёлок Амдерма) 근처에, 그리고 인디가 농촌형 부락(посёлок Индига) 근처에 2개의 새 항구를 건설할 예정이다. 현재 네네츠 자치구는 시토크마놉스코예 산지(Штокмановское месторождение) 개발을 위해 기업을 끌어들이고 인프라를 구축하기 위해 적극 사업을 추진하고 있다.[257]

[그림 66] 페초라 강 변[255]

• 파이프라인 운송

네네츠 자치구의 파이프라인 운송은 1978년 63㎞에 달하는 바실콥스코예 산지(Василковское месторождение)와 나리얀-마르 시 사이에 가스관이 건설되면서 발전하기 시작하였다.

파이프라인 중 가장 대규모로는 530㎜ 직경에 149㎞ 길이의 하리야긴스코예 산지(Харьягинское месторождение)로부터 시작되는 하리야가-우신스크 송유관(нефтепробод Харьяга–Усинск), 그리고 720㎜ 직경에 406㎞ 길이의 우신스크-우흐타 송유관(нефтепробод Усинск–Ухта) 등이 있다. 이러한 송유관들을 통해 오늘날 네네츠 자치구의 석유가 남쪽으로 반출되고 있다. 네네츠 자치구 내부에서는 아르달린스코예 산지(Ардалинское месторождение)와 하리야긴스코예 산지(Харьягинское месторождение)를 잇는 송유관이 각 산지를 연결하는 가장 중요한 역할을 담당하고 있다(325㎜ 직경에 64㎞ 거리).

북부로 석유를 공급하는 것은 루코일(ЛУКОЙЛ) 기업이 관장하고 있는데, 이것은 바란데이 농촌형 부락(посёлок Варандей)의 해양 터미널을 통해 이루어지고 있다. 이곳을 통해 2005년에는 150만 톤이 반출되었고, 2010년까지는 반출량이 약 1,400만 톤에 달했다.[258)]

• 통신

현대로 들어와 통신은 네네츠 자치구 경제 발전에서 중요한 역할을 담당하게 되었다. 네네츠 자치구에는 엠테에스(МТС), 메가폰(Мегафон), 빌라인(Билайн) 등 세 개의 이동 통신사가 있다. 통신망은 기본적으로 네네츠 자치구 수도에 구축되어 있다. 또한, 북서 텔레콤(Северо-Западный телеком)과 네네츠 텔레커뮤니케이션(Ненецкая компания электросвязи) 등 두 개의 전화 사업자가 통신 서비스를 제공하고 있다.

네네츠 자치구에는 '2006~2008년 네네츠 자치구 거주지 통신, 텔레비전 및 라디오 방송 개발(Развитие телекоммуникационных услуг, телевизионного и радиовещания в населенных пунктах Ненецкого автономного округа на 2006 – 2008 годы)' 프로그램이 마련되어 추진되었다. 해당 프로그램이 진행되면서 방송과 통신 시스템이 국제적인 표준에 따라 재정비되었다. 이에 따라 전화가 연결된 자치구 주민의 비율은 2006년 26.6%, 2007년 27.4%였다.[259] [표 22]에서 알 수 있듯이, 도시의 주거용 전화는 2000년대 대체로 계속 증가 추세인데, 반면 농촌은 현상 유지 상태이다.

[표 22] 네네츠 자치구의 통신 상황 추이[260]

	1990	1995	2000	2005	2006	2007	2008	2009
도시 주거용 전화 (천명 당 대수)	32.6	66.4	159.9	246.0	253.2	257.3	262.4	266.5
농촌 주거용 전화 (천명 당 대수)	94.1	114.5	131.9	77.0	79.5	81.8	83.4	80.1

6. 투자

네네츠 자치구의 투자 잠재력은 개발 인프라가 상당히 구축되었으면서도 동시에 엄청난 매장량을 지닌 탄화수소 산지가 여전히 개발되지 않은 채 곳곳에 남아있기 때문에 매우 특별하다고 할 수 있다. 네네츠 자치구는 러시아에서 석유 매장량 4위를 차지하고 있는 티만-페초라 석유·가스 지역(Тимано-Печорская нефтегазоносная провинция) 북쪽에 있다. 깊지 않은 지층, 물리학적, 화학적으로 질 좋은 석유 성분, 촘촘히 인접해 있는 석유·가스 지대 등은 투자자들을 네네츠 자치구로 불러 모으는 매력적인 요인이다. 따라서 현재 네네츠 자치구는 러시아와 북서연방관구에서 가장 전망 있는 투자 지역 중 하나이며, 러시아와 외국 회사의 투자는 당연히 광업 분야에 집중돼 있다. 2008년, 2009년 계속하여 1인당 자본투자율은 러시아연방 내에서 1위에 올라 있다.[261] 2010년에는 에인절 투자그룹(Investment Angel)에 의해 '러시아 최고의 투자 매력지'로 선정되어 국제투자 상을 받기도 하였다.[262]

그뿐 아니라 네네츠 자치구는 지리적으로 아주 유리한 곳에 위치해 있다. 네네츠 자치구는 러시아 유럽 지역의 북동부 해안을 따라 있으며, 북부항로와 유럽 시장 판로에 근접해 있다. 또한, 네네츠 자치구의 추정 석유 매장량 중 채굴된 석유는 단지 8%에 불과하며, 또한 추정 가스 매장량 중 채굴된 가스도 역시 0.7%밖에 되지 않기 때문에 향후 에너지 산업의 투자 전망은 매우 밝다.[263] 단지 산업 개발에 의한 환경파괴 및 오염 가능성의 문제, 그리고 이에 대한 보완 및 비용 문제는 투자자를 끌어들이는 데에서 중대한 변수가 되고 있다.

네네츠 자치구는 최근 몇 년간 집중적으로 석유와 가스 생산에 집중해 왔기 때문에, 당연히 투자도 이에 기초해서 주로 이루어졌다. 석유와 가스 생산에 관련된 비율은 총 투자의 87~96% 사이를 차지한다. 이러한 투자는 주로 모기업들을 통해 이루어지고 있다. 2006년 네네츠 자치구의 고정자본 투자량은 518억 루블이며, 외국인 투자액은 거의 5억 달러에 달했다. 2006년에는 2005년에 비해 11.7% 성장했다.[264]

2007년 네네츠 자치구에 대한 외국인 투자는 7억 9,358만 달러였으며 이 가운데 외국인 직접투자는 1억 5,792만 달러를 기록했다.[265] 대기업과 중소기업의 고정자본 투자는 2008년 727억 2,640만 루블에 달했으며, 당시 투자자들에게 가장 매력적인 분야는 수송, 석유 생산, 건설 등이었다.[266]

2010년 네네츠 자치구 경제의 총 투자는 전년도보다 70억 루블이 증가하여 567억 루블이 되었다. 외국인 투자의 증가는 가스 보유고가 천

억m^3 이상 되는 쿰진스코예 가스 산지(Кумжинское газоконденсатное месторождение)의 개발 때문이었다. 네네츠 자치구 정부가 당시 각 회사의 제안서를 심의한 결과 알테크 그룹(группа Alltech)에 속한 SN 투자사(компания СН Инвест)에 개발 허가권을 내주었다. 또한, 인디가 농촌형 부락(посёлок Индига)에서는 2011년부터 액화 천연가스 터미널이 건설되기 시작하였다. 이를 위해 페초라 LNG(Печора СПГ)사가 총 39억 달러를 투자할 예정이다. 공장은 2015년 가동을 시작하여 그때부터는 인디가 농촌형 부락으로부터 액화 천연가스 유조선이 해외로 퍼져 나갈 것이다.[267)]

2010년 자본 투자는 2009년에 비해 1.4% 증가한 385억 루블에 달하였다. 투자의 86.8%가 석유와 가스 생산 분야로 몰렸다. 외국인 투자는 2009년에 비해 11.1% 증가한 5억 3,710만 달러에 달하였다. 외국인 투자는 프랑스와 사이프러스로부터 유치되었다. 프랑스는 2010년 외국인 투자 전체에서 91.1%에 달할 정도로 큰 비중을 차지한다. 외국인 투자의 대부분 또는 총 투자의 61.5%는 자본의 형태로 이루어졌다. 2010년 네네츠 자치구의 국외 투자는 없었다.[268)]

그동안 러시아 기업 중 네네츠 자치구의 가장 주요 투자 그룹은 루코일(ЛУКОЙЛ), 로스네프티(Роснефть), 가스프롬(Газпром) 등 이었다. 가장 거대 외국 투자자로는 미국 기업인 코노코필립스(ConocoPhillips)와 프랑스 기업인 토탈(Total), 노르웨이 기업인 스타토일 히드로(Statoil Hydro) 등이 있다.

기업이 수익을 낼 수 있는 주요 영역 중 또 하나는 탄화수소원료 수송을 원활히 보장하는 인프라의 구축이다. 기존의 제한적인 지역 수송체계는 천연자원 개발을 위축시킨 측면이 있다. 따라서 오늘날 네네츠 자치구 영토에는 수출 통로로 연결되는 최신식 파이프라인 수송시스템이 건설되고 있다. 이외에도 또한 이미 수년간 연방 및 지방 예산의 재정 지원을 받고 있는 가장 대규모 프로젝트로서 나리얀-마르 시와 코미 공화국 우신스크 시(город Усинск)를 연결하는 386㎞ 길이의 공공 도로가 건설되고 있다.[270)]

[그림 67] 나리얀-마르 시의 루코일(ЛУКОЙЛ) 회사 건물[269)]

북극의 별

네네츠

VI

사회: 소득증가와 복지제도의 강화

1. 인구

1897년 인구조사에 따르면 네네츠 자치구 영토에는 6,000명이 채 되지 않는 주민이 살고 있었는데, 1929년에는 약 3,500명의 네네츠인을 포함하여 인구가 11,000명 이상으로 늘었다. 1979년 초에는 약 47,200명(도시인구는 28,900명)이 거주했으나, 개혁기에 인구가 좀 줄어 2002년 시점에 네네츠인 7,750명을 포함하여 약 41,500명의 주민이 네네츠 자치구에 살았다.[271)]

그 후 2010년 시점 현재 네네츠 자치구 인구는 약 42,000명으로 러시아연방에서 가장 적은 규모이다. 도시인구는 약 27,000명, 농촌인구는 15,000명이다. 개혁 기간을 중심으로 변화를 살펴본다면, 개혁 초기 1990년 시점에는 약 52,000명이었지만 20년이 지난 후 현재 약 10,000명의 인구가 축소되었다.[272)] 민족별로 보았을 때 현재 네네츠 자치구에는 네네츠인 약 19%, 러시아인 62%, 코미인 11%, 우크라이나인 3% 정도가 거주하고 있다.[273)]

개혁기에 네네츠 자치구 인구는 약 10,000명이 줄었는데, 이것은 사실 외부로 떠난 이주민이 많았기 때문에 일어난 현상이지, 내부적으로는

[표 23] 네네츠 자치구 주민의 출생 및 사망 추이[278]

	출생자수(명)	사망자수(명)	출생률(‰)	사망률(‰)
1970	800	295	20.0	7.4
1975	894	389	20.3	8.8
1980	941	387	19.6	8.1
1985	1,049	371	19.8	7.0
1990	917	386	17.7	7.4
1991	852	376	16.7	7.4
1992	725	431	14.7	8.8
1993	588	531	12.4	11.2
1994	653	528	14.3	11.6
1995	602	570	13.7	13.0
1996	536	481	12.5	11.2
1997	546	427	13.0	10.1
1998	567	435	13.6	10.4
1999	518	433	12.5	10.5
2000	541	531	13.2	12.9
2001	598	560	14.6	13.7
2002	606	540	14.7	13.1
2003	665	590	15.9	14.1
2004	595	519	14.3	12.4
2005	607	513	14.6	12.3
2006	587	540	14.1	12.9
2007	653	528	15.6	12.7
2008	691	537	16.5	12.8
2009	695	495	16.6	11.8
2010	699	500	16.6	11.9

출생률이 높아서 인구의 자연증가 현상이 나타났었다. 사실 1990년대 이후 러시아는 거의 전 지역에서 인구의 자연감소 현상이 나타났으며, 북서연방관구 역시 인구가 급속히 축소된 대표적 지역이었다.[274] 하지만 그중에서 네네츠 자치구만은 유일하게 자연증가 현상이 일어났다. 물론 1970~80년대 1,000명당 자연증가율이 10‰~13‰에 달했던 것보다는 낮아졌지만,[275] 1990년대에도 플러스 증가율이 계속 유지되었으며 2000년대 후반에는 3‰을 넘어 2009년에는 4.8‰에 달하게 되었다.[276] 따라서 네네츠 자치구는 다른 지역에 비해 비교적 양호한 인구의 자연증가 양상을 보였다. 1990년대 경제위기 시에도 북쪽에 거주하는 소수민족은 대체로 인구의 자연증가율이 현 상태를 유지하거나 부분적으로 높아진 것으로 보고되고 있다.[277]

그럼에도 개혁기에 인구가 축소된 것은 바로 이 지역들로부터 외부로 상당한 규모의 이주가 일어났기 때문이며, 따라서 결국 인구의 수가 급감한 것이다. 이러한 외부로의 이주는 주로 1990년대에 일어났고, 최근에 유출량은 상당히 줄어든 상태이다. 북서연방관구 전체적으로 1990년대에는 이주민의 순유출량이 많았다가 2000년대에는 순유입량이 많아졌지만, 네네츠 자치구는 1990년대는 물론 2000년대에도 순유출 현상이 꽤 일어났다가 최근 2009년에 이르러서야 이주민의 순유입 현상이 나타났다([표 24] 참조).

[표 24] 네네츠 자치구의 만 명당 이주증감 비율 추이(단위: ‰)[279]

	90	95	00	01	02	03	04	05	06	07	08	09
북서연방관구	−8	3	−0.2	−2	−1	6	9	9	14	18	21	21
네네츠 자치구	−169	−271	−62	−18	178	14	11	−14	−18	−16	−36	17

2000년대 중반을 경계로 현재까지 러시아로 국제이주민의 순유입 규모가 점차 커지고 있으며, 특히 독립국가연합 출신자 비중이 높아지고, 또한 노동 이주의 성격이 강해지는 특징이 나타나고 있다. 또한, 중앙보다는 지방의, 그리고 도소매업보다는 건설, 광업, 제조업 분야의 취업이 늘고 있다.[280] 네네츠 자치구에도 아제르바이잔, 타지키스탄, 우즈베키스탄 출신 노동자가 유입되고 있으며, 자치구에서 이들의 적응을 위한 문화행사를 개최하고 복지시설을 제공하는 등 다각도의 지원 정책을 마련하고 있다.[281]

네네츠 자치구 인구는 다른 지역에 비해 상대적으로 노동인력 중심으로 구성되어 있어 전반적으로 비노동연령인구가 적은 편이다. 2008년 시점 연금생활자 1명당 취업인은 2.98명(평균은 1.78명), 2009년은 2.65명(평균은 1.73명)으로 러시아연방 전체에서 3위일 정도로 높다.[282] 그만큼 연금생활자에 대한 부담이 네네츠 자치구에서는 낮다. 이러한 특징 속에서도 러시아연방에 보편적으로 나타난 현상인 유년인구 비율의 감소는 예외 없이 네네츠 자치구에도 1990년대부터 현재까지 나타났다가 최

[표 25] 네네츠 자치구 천 명당 인구학적 부양 비율(단위: ‰)[283]

		90	95	00	05	07	08	09
러시아 연방	비노동연령인구	764	754	662	580	582	590	606
	유년인구	429	398	323	258	251	253	259
	노년인구	335	356	339	322	331	337	347
네네츠 자치구	비노동연령인구	636	634	589	532	534	549	570
	유년인구	514	473	415	350	338	344	352
	노년인구	122	161	174	182	196	205	218

근 2~3년 사이에 조금 회복되었다. 또한, 노년인구(남성 65세, 여성 60세 이상)의 비율도 러시아 평균보다는 적지만 1990년에 비해 현재는 거의 2배로 늘어나 역시 러시아연방 전체적으로 나타나고 있는 노령화 현상이 네네츠 자치구에도 일어나고 있음을 알 수 있다([표 25] 참조).

하지만 네네츠 자치구 주민의 평균기대수명은 2008년 63세(80위), 2009년 65세(74위)로서 러시아연방 전체에서 하위권에 머무르고 있다. 평균수명이 가장 높은 인구셰티야 공화국(Республика Ингушетия)의 80세에 비하면 무려 15세 이상 낮은데, 그것은 그만큼 이곳이 동토지대로서 인간이 거주하기에 적절한 조건을 가지고 있지 못하기 때문이다.[284] 따라서 네네츠 자치구에서 노령화 현상이 나타남에도 불구하고 다른 지

[표 26] 네네츠 자치구 인구 지수 추이[286]

		1990	1995	2000	2005	2006	2007	2008	2009
인구 (천명)	총인구	51.7	43.4	40.9	42.0	42.0	42.0	42.0	42.3
	남성	25.4	21.3	20.2	20.6	20.5	20.5	20.4	20.5
	여성	26.3	22.1	20.7	21.4	21.5	21.5	21.6	21.8
노동가능연령(천명)		31.6	26.5	25.8	27.4	27.4	27.4	27.1	26.9
인구 천 명당 출생자수		17.7	13.7	13.2	14.5	14.0	15.6	16.4	16.5
인구 천 명당 사망자수		7.4	13.0	12.9	12.2	12.9	12.6	12.8	11.7
인구 천 명당 자연증감		10.3	0.7	0.3	2.3	1.1	3.0	3.6	4.8
평균기대수명	총인구	-	59.34	60.57	63.01	62.24	61.98	63.12	65.22
	남성	-	52.65	54.02	55.54	55.30	54.69	56.06	59.35
	여성	-	67.57	68.33	72.53	70.81	70.64	71.86	71.28

역에 비해서는 노년인구 연령층이 적다. 이러한 상황은 네네츠 자치구뿐만 아니라 북쪽 지방 원주민 대부분에서 나타나는 현상이다. 시장 개혁기 이전의 1980년대 말에도 북쪽 원주민의 평균수명은 60세 정도였고, 이것은 다른 나라인 그린란드와 알래스카 원주민도 비슷한 사정이다.[285)]

네네츠인은 인내심과 체력이 강한 종족으로 알려졌지만 평균수명은 길지 않고 특히 성인 남성의 평균수명은 50대 후반에 그칠 정도로 짧다. 척박한 환경에 추운 기후와 과도한 알코올 섭취가 수명을 단축하는 주요 요인으로 관측된다. [표 26]에 따르면, 2000년대 중반 이후 인구의 수는 약 42,000명으로 거의 변화가 없이 안정적인 상태이다. 여성의 수가 남성보다 약간 많은데, 2009년 남성 평균수명은 59세지만, 여성 평균수명은 71세로 차이가 상당히 크다.[287)] 2010년 1월 1일 기준 도시와 농촌 인구는 각각 27,000명(64.4%)과 15,000명(35.6%)이다.[288)] 최근 통계자료를 보면, 2011년 1월 1일 기준 네네츠 자치구 인구는 42,642명이며 경제활동인구는 22,700명이다.[289)]

2. 소득

1990년대 네네츠 자치구가 포함된 북서연방관구(Северо-Западный федеральный округ)는 사회·경제적 측면에서 보았을 때 대부분 열악한 상태였다. 즉, 출생률 저하와 사망률 상승에 따른 인구의 극심한 자연감소뿐 아니라 일부 북극 지역을 중심으로 인구의 유출도 심각하게 일어나 인구수가 전체적으로 급감하였다.[290)] 또한, 1990년대 말에는 취업률이 떨어지고 실업자가 급증하였으며, 이러한 현상은 특히 석탄, 산림, 목재가공, 제지, 기계제작 업종 등에서 심각하게 발생했다.[291)]

열악한 사회·경제적 상황은 네네츠 자치구에서도 유사하게 일어났다.

1990년대 시장개혁은 이곳에서도 많은 변화를 일으켰고, 농촌에서 도시형 부락으로 이주한 거주민은 여전히 적응하는 데에 어려움을 겪고 있다. 도시형 부락의 실업률은 높아졌으며, 출생률은 떨어진 반면 젊은이들은 떠나고 대부분이 연금생활자 연령대에 달하는 거주민만 남아 평균 연령이 높아졌다. 남은 사람들은 실업 상태에 처하기 일쑤였으며, 새로운 일자리를 지속적으로 보장할만한 경제부문이 창출되지 않았다.[292)]

하지만 2000년대에 들어와 네네츠 자치구 석유 생산업의 발전은 이곳에 거주하는 주민의 사회·경제적 양상에 많은 변화를 주었다.

[표 27] 네네츠 자치구 주민 생활 및 사회 지표[293)]

	1990	1995	2000	2005	2006	2007	2008	2009
월평균 1인당 소득 (루블)	-	-	3,426.3	21,455.7	27,201.2	37,927.4	48,764.9	48,752.2
전년 대비 실질 소득률(%)	-	-	137.8	92.1	113.4	129.2	112.7	89.1
월평균 1인당 소비 (루블)	-	-	1,297.1	5,252.6	6,853.2	8,915.1	11,239.8	13,156.6
기업체 근로자 월급 (루블)	0.510	739.2	5,065.9	23,016.8	28,591.6	34,380.7	41,181.1	43,965.1

비고: 단위가 루블인 지표 중 1990, 1995년은 단위가 천 루블

2009년 시점 네네츠 자치구 1인당 월평균 소득은 러시아연방 전체에서 1위(48,752루블)로서 제일 하위인 인구셰티야 공화국(6,400루블)에 비하면 무려 8배에 달하며, 전체 러시아 평균소득에 비교해도 거의 3배에 달한다([표 28] 참조). 채굴업, 금융업, 운송 및 건축업 등 종사자들이 가장 높은 월급을 받고 있으며, 의사나 교사 초봉도 한 달에 4만 루블에 달한다.[294)]

2000년 시점만 하더라도 평균소득 순위는 10위권이었지만, 2003년에는 한티-만시 자치구(Ханты-Мансийский автономный округ - Югра)

[표 28] 러시아 주요 지역별 월평균소득 및 명목임금 추이(단위: 천 루블)[296)]

	지역명	00	01	02	03	04	05	06	07	08	09
소득	러시아연방	2	3	4	5	6	8	10	13	15	17
	모스크바	8	10	12	17	21	25	30	35	34	42
	네네츠	3	6	9	14	20	21	27	38	49	49
	다게스탄	1	1	2	2	3	4	6	8	10	14
	인구셰티야	1	1	1	1	2	2	3	4	6	6
	한티-만시	7	10	11	13	15	18	22	27	33	32
	야말-네네츠	8	11	13	16	19	22	27	32	38	39
	추콧카	5	8	11	14	15	20	24	28	32	35
명목임금	러시아연방	2	3	4	5	7	9	11	14	17	19
	모스크바	3	5	6	9	11	14	18	24	31	33
	네네츠	5	9	13	16	19	23	29	34	41	44
	다게스탄	1	1	2	2	3	4	5	6	8	9
	인구셰티야	1	2	3	4	4	5	6	7	9	11
	한티-만시	8	13	15	17	20	23	27	32	37	38
	야말-네네츠	9	13	16	20	24	28	32	37	44	46
	추콧카	6	8	14	17	19	23	26	31	38	43

를, 2004년에는 야말-네네츠 자치구(Ямало-Ненецкий автономный округ)를, 2007년에는 모스크바 시를 앞질러 현재 1위가 되었다.[295] 즉, 모스크바 시와 같은 정치·경제 중심지는 물론, 유사한 석유 및 가스 생산 지역 모두를 앞질러 네네츠 자치구는 최고소득 지역으로 탈바꿈한 것이다([표 28] 참조).

기업체 노동자들의 평균 명목임금 수준도 괄목할만한 성장을 보였다. 2000년 시점 월평균 명목임금은 5,066루블에 불과하였는데 2009년에는 43,965루블로 늘어 거의 9배로 증가하였다. 2009년 시점 명목임금은 야말-네네츠 자치구(46,481)에 뒤이어 네네츠 자치구가 2위를 차지하고 있으며, 다게스탄 공화국(Республика Дагестан)에 비하면 거의 5배에 달하는 수준이다[297]([표 28] 참조). 2010년에도 47,347.8루블로서 2009년에 비해 7.2% 증가하였다.[298] 이처럼 소득 및 임금이 증대한 원인은 동토지대라는 인간이 거주하기에 척박한 환경임에도 석유 생산업을 급성장시

[그림 68] 나리얀-마르 시 거리의 은행[299]

문이다([표 29] 참조). 하지만 네네츠 자치구 주민의 소득 증대 속도가 최저생계비의 증가 속도를 앞지르고 있다는 점이 긍정적 측면이라 할 수 있다.[308] 소득 상승 때문에 최저생계비 이하의 소득을 올리는 주민의 비율은 2009년 7.3%로서 이것은 러시아연방 전체에서 가장 낮은 비율이다. 2008년에는 최저생계비 이하 소득 주민 비율이 더욱 낮은 5.6%였으며, 이것은 역시 러시아연방 전체 중 역시 가장 낮은 수치였다. 2008년 금융위기에 의한 경제 불안정으로 말미암아 2009년에는 최저생계비 이하 소득 주민 비율이 일부 지역에서 상승하였다.[309]

이처럼 네네츠 자치구는 현재 러시아연방에서 월평균 소득이 가장 높으며, 최저생계비 이하 소득층도 최소이고, 고소득층 비율도 가장 높은 것으로 나타난다.

하지만 소득이 높은 지역일수록 빈부격차의 정도가 심하게 나타나는

[표 30] 네네츠 자치구 소득순위 20% 집단별 소득총액 비율 추이(단위: %)[313]

		1집단	2집단	3집단	4집단	5집단	지니계수
러시아연방	2002	5.6	10.4	15.4	22.8	45.8	0.398
	2004	5.4	10.2	15.1	22.7	46.6	0.407
	2006	5.4	10.1	15.1	22.6	46.8	0.410
	2008	5.1	9.7	14.8	22.5	47.9	0.423
네네츠 자치구	2002	5.2	9.8	14.9	22.6	47.5	0.419
	2004	5.7	10.4	15.4	22.7	45.8	0.398
	2006	4.7	9.3	14.3	22.3	49.4	0.440
	2008	4.2	8.5	13.6	21.9	51.8	0.469

비고: 1집단-빈곤층, 5집단-부유층

것이 오늘날 러시아의 지역에서 나타나는 일반적인 사회·경제적 현상 중 하나이다.[311] 실제로 네네츠 자치구의 지니계수도 상당히 높게 나타나는데, 즉 2008년 모스크바 시(0.521)에 이어 네네츠 자치구의 지니계수는 0.469로서 2위를 차지하고 있으며, 2009년에는 수치가 조금 떨어졌지만, 모스크바 시(0.521), 튜멘 주(0.456, Тюменская область), 사마라 주(0.451, Самарская область)에 이어 네네츠 자치구(0.445)는 4위를 차지하고 있다.[312] 일반적으로 지니계수가 0.4 이상이면 빈부격차의 정도가 상당히 높은 것으로 평가된다.

빈부격차의 상황을 알 수 있는 통계지표 중 또 하나가 소득순위 20% 집단별 소득 총액의 비율을 계산한 것이다. [표 30]은 2002년부터 2008년까지 격년으로 이에 대한 러시아연방의 평균 수치와 네네츠 자치구의 통계 수치를 모아놓은 것이다.

[표 30]을 보면 러시아연방 전체적으로 2000년대에 소득 최상위 20% 집단인 5집단의 소득총액의 비율만 계속 증가하였고, 나머지 집단들은

[그림 70] 나리얀-마르 시에 있는 낡은 가옥[314]

일관되게 소득 비율이 축소됐음을 알 수 있다. 이것은 즉 빈부격차가 점점 심화되고 있음을 뜻한다. 네네츠 자치구 주민도 2000년대 초반과 후반을 비교하였을 때 마찬가지 현상이 나타났다고 할 수 있다. 그런데 러시아연방 평균과 비교하였을 때 네네츠 자치구 5집단의 소득총액의 비율이 훨씬 높고, 나머지 네 개 집단의 소득 비율은 모두 더 낮다. 이것은 네네츠 자치구에서 빈부격차 정도가 더 심하다는 것을 뜻한다.

3. 교육

20세기 초반 토착민 대다수(거의 90%)는 문맹이었지만, 1913년 네네츠 자치구에는 다양한 형태의 학교 5개소가 설립되어 교육의 길이 열리게 되었다. 그 후 1926년 인구조사에 따르면, 네네츠 자치구 주민 중 정착민의 문자해독률은 약 20%, 유목민의 문자해독률은 약 0.8%였다.[315]

네네츠 자치구 교육 체계의 근대화는 1925년부터 이루어지기 시작하였다. 다양한 수준의 학교가 1925년에는 7개소였지만, 1926년에는 11개소, 1927년에는 14개소, 1928년에는 16개소로 늘어났다. 1929년에는 5개 국영학교와 5개 상급학교를 포함하여 17개소의 학교가 운영되었다. 1938년에는 최초의 정식 중등학교(현재의 나리얀-마르 시 제1학교(Школа № 1 г. Нарьян-Мар))가 문을 열었다. 2차 대전 전까지 네네츠 자치구에는 2개의 야간 학교를 포함하여 41개의 학교가 운영되기에 이르렀다.[316]

법령으로 네네츠 자치구가 연방 주체의 한 단위로 선포되기 전까지는 유치원과 같은 취학 전 교육기관이 이곳에 없었다. 이것은 1920년대에 가서야 나타나기 시작하여 1930년대에는 15개의 유치원, 8개의 보육원, 2개의 어린이집, 교외 교육 기관 등이 생겨났다. 1930년대에 네네츠 종합기술학교(Ненецкий комплексный техникум)도 설립되었는데, 이곳에서 1934년에는 사범기술학교, 1946년에는 사범학교가 출범되었다.[317)]

이 시기에 네네츠 문자도 만들어졌다. 즉, 1932년에는 라틴 알파벳에 기초하여, 1937년에는 키릴 알파벳에 기초하여 문자 체계가 마련되었다. 1932년에는 최초로 네네츠어 철자로 된 책이 출판되었다. 그 후 네네츠 자치구의 교육 체계는 거듭 발전하여 1979년부터 1990년대까지 14개의 국영학교를 포함하여 39개의 학교가 안정적으로 운영되기에 이르렀다.[318)]

오늘날 네네츠 자치구에는 96개의 교육기관이 있다. 39개의 예비학교, 41개의 학교, 5개의 직업학교, 아동 보충학교 8개소, 교사 재교육 연구소, '다르(ДАР)' 센터, 연합종합학교(Межшкольный учебный комбинат) 등이 있다.[319)]

또한, 네네츠 자치구에는 산림 요양학교, 교정학교, 야간학교,

[그림 71] 나리얀-마르 시의 도서관[321)]

취학 전 어린이집, 어린이 창의성 학교, 청소년 교육기관인 '북풍(Норд)', '출발(Старт)', '노동(Труд)', 두 개의 예술학교, 중등전문학교인 '나리얀-마르 사회인문 단과대학(Нарьян-Марский социально-гуманитарный колледж)'과 '네네츠 농업경제기술학교(Ненецкий аграрно-экономический техникум)', '네네츠 전문기술학교(Ненецкое профессионально-техническое училище)' 등 다양한 교육기관이 있다. 1990년에 '교사 연수연구소(Институт усовершенствования учителей)'가 문을 열었고, 2003년부터 이곳은 '재교육 및 기능향상 연구소(Институт переподготовки и повышения квалификации)'가 되었다.[320)]

네네츠 자치구에는 교육과 관련한 두 개의 지방기관이 있는데, 그것은 바로 '자폴랴르니 군 교육청(Управление образования «Заполярный район»)'과 '나리얀-마르 시 교육청(Управление образования «Город Нарьян-Мар»)'이다. 이 기관의 모든 업무는 러시아연방 및 지역의 법령에 기초하여 집행되고 있으며, 네네츠 자치구의 교육 체계를 정비하고 청소년 정책을 마련하는 역할을 하고 있다.

네네츠 자치구의 주요한 국가 프로젝트인 '교육(Образование)'의 틀에서 '2006~2010년 네네츠 자치구 교육발전'프로그램이 실행되었다. 이 프로그램을 지원하기 위하여 30억 루블 이상이 동원되었으며, 이 지원 속에는 비용이 26억 6,400만 루블에 달하는 31개 교육 시설의 건축도 포함되었다.[322)]

이 프로그램을 통해 수년 만에 다양한 교육 시설의 건축 붐이 다시 일어났는데, 예를 들어 정원 150인 규모의 인문사회대학 기숙사, 니즈냐야 표샤 마을(село Нижняя Пёша)의 정원 50인 규모의 학교부속 기숙사, 네네츠 학교 기숙사 식당, 우스티-카라 농촌형 부락(посёлок Усть-Кара)의 정원 150인 규모의 중등학교 등이 건축되었다. 2007년 말에는 7호 특수교정학교 스포츠 센터가 문을 열었다. 계속해서 네시 마을(село

Несь)에 정원 120인 규모의 학교부속 기숙사, 카라타이카 농촌형 부락(посёлок Каратайка)에 정원 150인 규모의 학교, 나리얀-마르 시에 정원 220인 규모와 300인 규모의 두 유치원과 정원 860인 규모의 학교가 건설되었다. 또한, 벨리코비소치노예 마을(село Великовисочное)에 중등학교 건설이 시작되었고, 네네츠 전문학교(Ненецкое профессиональное училище) 건물의 확장공사가 시작되었다.[323)]

네네츠 자치구에서는 중등 교육의 의무를 준수하기 위해 1~11학년까지 모든 학생에게 교과서와 따뜻한 아침 식사가 무료로 제공되고 있다. 또한, 학생들의 질병 예방검사를 시행하고 있으며, '지식의 날(День знаний)' 기념일에는 관례로 1학년 학생들에게 선물을 주고 있다. 2~11학년 우수 학생들에게는 네네츠 자치구 예산으로 장학금을 주고 있다.

네네츠 자치구에는 운동경기 지원체제가 잘 발전되어 있다. 즉, 종목별 운동경기와 각종 대회에서 자치구 수준에서뿐만 아니라 전 러시아에서 우수한 성적을 내고 두각을 보인 재능 있는 청소년들을 지원하고 있

[그림 72] 나리얀-마르 시의 중등학교[324)]

다. 나리얀-마르 시 제4학교(Школа № 4 г. Нарьян-Мар) 출신인 레드코바 발레리야(Ледкова Валерия)는 2007년 독일 G8 정상회담에 러시아 대표단 중 한 명으로 참석하였다.

2005년부터 네네츠 자치구 졸업생들은 국가고사(ЕГЭ: единый государственный экзамен)를 치르고 있다. 국가고사 결과를 보면 네네츠 자치구 졸업생 교육수준이 대부분 우수하다는 것을 알 수 있다. 특히 러시아어 성적이 우수한 수준으로 나오고 있으며, 다른 과목은 전국 평균 수준에 달하고 있다.

네네츠 자치구에서는 청소년 정책의 하나로 총 5,200만 루블 이상의 기금으로 조성된 '2007~2009년 네네츠 자치구 청소년'이라는 프로그램을 추진했다. 자폴랴르니 군(Заполярный район)과 나리얀-마르 시 청소년 프로그램도 여기에 포함되었다. 이외에도 '청소년 지원센터(Центр поддержки молодежных инициатив)'라는 청소년 정책 분야의 네네츠 자치구 최초의 기관이 창설되었다.[325] 무엇보다도 네네츠 자치구 정부는 고아, 혹은 부모의 도움을 제대로 받지 못하는 아동을 지원하고 있다. 이러한 방편으로 입양 부모와 고아를 후견하는 가족에게 각종 혜택을 주는 법률을 채택하기도 하였다. 이외에도 순록 목축을 하는 가정의 자녀에게도 장학금을 지원하고 있다.[326]

하지만 네네츠 자치구는 러시아연방 중 인구가 가장 적으며, 따라서 [표 31]에서도 알 수 있듯이 학생 수가 극소수이다. 또한, 네네츠 자치구에는 독립적인 고등교육기관이 없고, 사실 주변 대학의 지부 몇 개가 존재할 뿐이다. 따라서 고등교육기관의 학생 수는 러시아연방에서 가장 적은 축에 속하며, 양호한 교육환경을 조성하고 있지 못하다. 이러한 점은 네네츠 자치구로서는 환경적으로 불가피한 여건일 수밖에 없다.

이러한 사정은 취업인구의 교육수준에도 반영되어 나타난다. 2009년 시점 러시아 취업자 중 고급전문교육 이수자 비율은 28.2%인데, 네네츠

[표 31] 네네츠 자치구 교육 기관 현황 추이[327)]

	1990	1995	2000	2005	2006	2007	2008	2009
교육 기관의 수(야간 제외)	48	47	43	43	43	40	39	39
교육 기관의 학생 수 (야간 제외)(천명)	9.3	8.3	7.4	6.0	5.7	5.5	5.5	6
기초 직업교육 기관의 수	–	1	1	1	1	1	1	–
기초 직업교육 기관의 학생 수(천명)	–	0.5	0.6	0.5	0.4	0.4	0.4	–
중등 직업교육 기관의 학생 수(천명)	0.3	0.5	0.9	0.9	0.8	0.9	0.9	0.9
(그중 국립 및 지방자치 기관의 학생 수)	0.3	0.5	0.9	0.9	0.8	0.9	0.9	0.9
고등 교육기관 학생 수(천명)	–	–	–	0.3	0.3	0.4	0.2	–
(그중 국립 및 지방자치 기관의 학생 수)	–	–	–	0.3	0.3	0.4	0.2	–

자치구에서는 16.6%에 불과하다. 상대적으로 네네츠 자치구에서 중급이나 하급 전문교육 이수자 비율은 러시아(46%)보다 훨씬 높은 67.1%로 나타난다. 또한, 네네츠 자치구에서는 중등 및 초등 교육 이수자 비율도 러시아 전체의 26%보다 낮은 비율인 16%로 나타난다.[328)]

4. 복지

인간이 거주하는 데에 필요한 생활기반 시설이나 인프라가 전체적으로 부족한 것이 오늘날 네네츠 자치구의 현실이다. 예를 들어 전기, 가스, 물 공급량이 부족한데 공급량 순위는 러시아연방에서 최하위에 속할 정도이다.[329)] 석유나 가스 채굴량은 많지만 대부분 외부에서 재처리되기 때문에 가공된 가스나 석유는 네네츠 자치구도 수입하여 쓰는 형편

[표 32] 네네츠 자치구의 사회적 지원 규모 추이(단위: 루블)[331]

	1990	1995	2000	2005	2006	2007	2008	2009
1인당 평균 주거면적(㎡)	12.9	17.9	18.2	19.5	20.1	20.9	21.8	22.7
1인당 평균 사회비용 지원금	-	-	41	80	106	419	360	571
가구당 월평균 보조금	-	-	145	254	603	507	696	1,804

이고, 이것이 원활히 공급되지 못할 때가 있다. 하지만 네네츠 자치구는 다음과 같이 생활환경을 개선하기 위해 노력하고 있다.

네네츠 자치구는 러시아연방 중 세금이 가장 높은 비율로 예산에 반영되고 있으며, 이중 주택부지 보급률도 1위를 차지하고 있다.[330] 따라서 [표 32]처럼 1인당 평균 주거면적은 1990년에 비해 현재는 거의 2배, 1인당 평균 사회비용 지원금도 2000년에 비해 최근에는 10배 이상, 가구당 월평균 보조금도 2000년에 비해 현재 역시 10배 이상 늘어났다.

[그림 73] 나리얀-마르 시의 건축 중인 신시가지 아파트[333]

하지만 2010년 주택 건축은 2009년에 비해 6.6% 축소되어 아파트 672가구(39,800㎡)가 건축되는 데에 그쳤다. 이중 아파트 61가구(8,000㎡)는 소유자의 자금과 대출금으로 건축되었다. 4,500㎡는 지방에 건축되었으며, 이것은 2009년에 비해 36.4% 증가한 것이다.[332)]

네네츠 자치구 행정에서 가장 노력을 기울이고 있는 대 사회 업무는 바로 주민의 보건 분야이다. 이 업무는 네네츠 자치구 주민의 보건복지 체제를 계속 발전시키고 개혁시키며, 국가의 인구증가 계획을 충실히 이행하고, 주민의 의료 및 의약 지원을 현실적으로 보장하는 목표로 진행되고 있다.

현재 네네츠 자치구 병원(Ненецкая окружная больница)은 자치구에서 유일한 보건 종합 기관이다. 그곳에서는 네네츠 자치구 지역과 도시 주민에게 원거리 의료 출장과 출산 여성을 위한 의료 지원을 하고 있으며, 1차 진료 및 전문 의료 서비스를 제공하고 있다. 병원에서는 정교한 첨단 시설을 이용하여 진단 및 치료를 시행하고 있다.

오늘날 네네츠 자치구는 수 년 동안 인구의 자연증가세를 유지하고 있는 러시아연방의 몇몇 지역 중 하나이다. 최근 2008~2010년에는 특히 농촌의 출생률이 높아졌다.[334)]

네네츠 자치구에는 50개 병동이 있는 산부인과 병원이 새로 건설되었다. 이 새로운 병원을 기초로 또한 임산부 병리학과와 여성상담소가 신설될 것이다. 이 산부인과 병원은 임산부와 산모 모두 진료할 수 있으며, 환자에게 매우 편리한 서비스를 제공한다. 산부인과 병원은 여성과 신생아를 집중적으로 관리하고 있으며, 또한 저체중으로 출생한 영아를 돌보는 새로운 현대적 설비도 갖추고 있다.

의료 수준을 향상시키고 네네츠 자치구의 발병률을 줄이기 위해 7개 의료 프로그램이 채택되어 한시적으로 2006~2011년까지 진행되었다. 이를 위해 전체적으로 총 10억 9,000만 루블이 책정되었다. 그 프로그램의 주된 내용은 다음과 같은 것들이었다. 즉, '네네츠 자치구의 건강 증진', '안티 에이즈', '예방 접종', '결핵 퇴치', '치과 치료', '고혈압 예방과 치료', '당뇨병 치료' 등이다.[335)]

[표 33]에 따르면, 네네츠 자치구 의료 시설이나 여건은 사실 최상의 상태는 아니다. 만 명당 의사 수는 40명에 미치지 못하는데, 실제 이것은 러시아 평균치보다 낮은 것이다. 보조의료사 수는 러시아 평균치에 훨씬 못 미치는데, 최근에는 평균치에 근접해 가고 있다. 만 명당 병원 침대 수는 러시아 평균치보다 높지만, 최근에는 다소 낮아졌다. 이처럼 네네츠 자치구에서 의료 현실을 개선하는 데에는 여전히 많은 과제가 남아 있다.[337)]

네네츠 자치구 행정의 또 하나 필수적 분야는 바로 취약계층 주민을 위한 사회적 지원이다. 네네츠 자치구는 2012년까지 인구 정책이 수립되어 있는바, 그에 따라 가족, 부모, 아동의 범주에 있는 주민을 지원하고,

[표 33] 네네츠 자치구 의료기관 현황 추이[336)]

	1990	1995	2000	2005	2006	2007	2008	2009
의사의 수	0.2	0.1	0.1	0.2	0.2	0.2	0.2	0.2
의사의 수(만 명당)	38.7	30.7	34.2	39.1	39.3	38.8	37.4	38.5
보조의료사의 수	0.5	0.4	0.4	0.4	0.4	0.5	0.4	0.4
보조의료사의 수 (만 명당)	97	100	102	89	102	108	105	97
병원의 수	10	11	10	9	9	9	9	8
병원 침대 수(천 개)	0.7	0.6	0.5	0.5	0.5	0.5	0.5	0.4
병원 침대 수(만 명당)	135	145	128	126	126	126	123	96
외래진료소의 수	20	17	17	17	17	17	19	18

유아에게 매달 혹은 일회적 지원을 하고 있다. 그리고 고아 혹은 부모의 보호를 받지 못한 채 방치된 어린이에게, 그리고 18세 이하의 5인 이상의 자녀가 있는 다산 가족에게 숙박시설을 제공하는 법규를 채택했다. 그리고 '자녀가 있는 가정 대상 매월 국가 지원에 대하여(О государственном ежемесячном пособии гражданам, имеющим детей)'라는 네네츠 자치구 법령이 실행되고 있다. 또한, '네네츠 자치구 거주 특정범주 시민 보상지원에 대하여(О компенсационных выплатах отдельным категориям граждан, проживающих в Ненецком автономном округе)'라는 자치구 법에 따라 15개 범주 시민에게 매달 사회적 지원이 이루어지고 있다. 예를 들면 다산 가족, 편부모 가족, 장애아동 가족, 연금 수령자 등이 대상이 된다. 2006년에 본 법규의 시행을 위해 2억 3천만 루블이 지출된 바 있다.[338)]

빈곤층 주민에 대한 사회적 지원을 강화하기 위한 차원에서 '네네츠 자치구 저소득 가정과 저소득 독거민에 대한 국가 사회지원에 대하여(О государственной социальной помощи малоимущим семьям и малоимущим одиноко проживающим гражданам в Ненецком автономном округе)'라는 자치구 법률이 채택되어 시행되었다. 2007년 해당 법률에 따라 그 범주 시민은 사회보장 혜택을 받거나, 일시금으로 지원을 받든지, 혹은 2,000~35,000루블 상당의 현물을 지원받은 바 있다.[339)]

[그림 74] 나리얀-마르 시 주변의 빈민 가옥[340)]

연금 생활자의 연금은 2000년에 비해 최근에는 10배 가까이 증가하였고,

연금률도 지속해서 증가했다. 연금 생활자는 약 12,000명에 달한다. 연금의 지속적인 증가는 네네츠 자치구 내의 빈곤층을 축소시키는 효과가 있었는데, 이에 따라 최저생계비 이하 소득의 극빈층은 2000년 37.9%에서 2009년에는 8% 이하로 축소되었다([표 34] 참조). 현재 연금 생활자 중 절반에 가까운 약 5,000명은 취업을 한 상태이다.[341)]

[표 34] 네네츠 자치구 연금 생활자 추이[342)]

	1995	2000	2005	2006	2007	2008	2009
평균 연금(루블)	317.6	978.3	3,819.3	4,344.2	5,581.3	6,994.0	9,490.3
전년 대비 실질 연금률(%)	–	120.1	111.9	104.1	119.7	103.5	128.1
연금생활자(천 명)	9	10	11	11	11	11	12
최저생계비 이하 소득자율(%)	–	37.9	9.0	8.0	5.7	5.6	7.3

비고: 단위가 루블인 지표 중 1995년은 단위가 천 루블

1990년대에 범죄발생률이 높았지만, 2000년대 초반과 중반에는 낮아졌다. 하지만 2000년대 후반에 다소 범죄발생률이 높아졌는데, 이것은 러시아 평균치보다도 다소 높은 것이다([표 35] 참조).

[표 35] 네네츠 자치구 범죄 현황추이[343)]

	1995	2000	2005	2006	2007	2008	2009
등록된 범죄 건수(천 명)	0.9	0.8	0.9	0.8	0.8	1.0	1.0
등록된 범죄 건수(십만 명당)	2,059	1,866	2,126	1,989	1,915	2,296	2,303

네네츠 자치구에서는 현재 각종 유전 개발과 토지 개간 등으로 환경 파괴와 오염 문제에 대한 우려가 커지고 있다. 사실 이러한 문제는 1950

년대부터 석유화학 공업단지와 같은 시설이 네네츠 자치구에 들어서고 거주민의 삶에 영향을 미치면서 불거지기 시작했다. 특히 페초라 지역에서 북서 시베리아까지 가스프롬이나 노릴스키 니켈(Норильский никель) 같은 대기업의 산업활동이 자연환경에 큰 영향을 미쳤다. 노릴스키 니켈이 공장을 짓기 시작하면서 480만 헥타르의 목초지와 50만 헥타르의 숲이 파괴되었다. 또한, 산업화 여파로 산성비가 자주 내려 순록의 주식인 이끼가 오염되고, 이 때문에 많은 순록이 죽고 사람들의 건강이 악화되었다.[344] 광대한 지역에서 가스와 석유 산업으로 인해 순록 목장 면적이 축소되자 야말 반도(полуостров Ямал) 일부 지역에서는 순록 풀이 소진되는 일도 나타났다.[355] 하지만 이러한 환경 문제에 대해 네네츠 자치구는 효과적인 해결 방안을 쉽게 찾지 못하고 있는 실정이다.

북극의 별

네네츠

VII

문화:
전통과 현대가 어우러진 북극의 문화

네네츠 자치구는 문화적 전통이 풍부하고 깊은 지역이지만, 다른 지역에 비해 다양성이 두드러지지는 않는다. 혹독한 추위와 척박한 환경 속에서 생존 자체에 초점을 둔 삶을 영위했기 때문에 생활 문화의 깊이는 탄복할 만하다. 하지만 그것을 벗어나 그 밖의 다양한 문화를 발전시킬만한 여유는 별로 없었다. 20세기 러시아인이 이곳으로 이주해 살게 된 이후에도 이러한 사정이 크게 달라지지는 않았다. 본 장에서는 과거 네네츠인의 전통문화를 살펴보고 오늘날 네네츠 자치구의 문화 활동과 문화 기관에 대해 살펴보고자 한다.

1. 전통문화

• 의복

전통적인 네네츠 남성 상의는 순록 가죽을 이용하여 만든다. 이 옷은 통짜로 된 옷이어서 머리부터 넣어 입게 되어 있으며 모자가 달려 있다. 주로 어린 순록의 가죽으로 기워 만든다. 이 상의는 어깨에서 아래까지 넓고 길게 늘어져 있다. 카닌스카야 툰드라(Канинская тундра)와 티만스카야 툰드라(Тиманская тундра) 지역에서는 상의에 모자가 달려 있지 않기 때문에 따로 모자를 쓴다.[346)]

[그림 75] 전시된 네네츠인 의상[347)]

습기와 먼지로부터 가죽 막을 보호하기 위해 상의 위에 모직물로 된 천을 입기도 한다. 상의는 맨살에 입는다. 19세기 중반부터는 헝겊이나 종이 재질로 만든 바지를 구해 입기 시작했다. 강추위나 강설 시에는 러시아인이 '거위'라고 부르는 외투용의 가죽옷을 입는다. 이 외투는 바깥을 가죽으로 기워 만들었으며, 모자가 꿰매어 붙어 있지만, 벙어리장갑은 따로 달리지 않았다.

신발은 순록 가죽으로 만든 구두나 장화가 있다. 장화 안에는 마른 잔디로 된 깔창이 깔렸다. 먼저 긴 가죽 양말을 속에 신은 다음 장화를 신는다. 여성용 신발은 무늬만 조금 다르다. 여름과 가을에 남성은 바다표범 가죽이나 혹은 다른 보통 가죽 중에서 낡은 것을 골라 장화를 만들어 신는다. 낡은 상의나 닳아버린 외투도 여름에 입는다. 여름옷은 특별히 따로 없다.

[그림 76] 순록 가죽 외투를 입은 네네츠 남녀[348)]

여성 의류는 순록 가죽을 이중으로 겹쳐서, 단추가 없는 외투 형태로 만든다. 이 여성 외투에는 순록이나 여우의 가죽으로 된 낮은 옷깃이 붙어 있으며, 장갑이 꿰매어 달려 있다. 여름에는 헝겊으로 된 비슷한

옷을 입는다. 몹시 추울 때는 끈이 달린 가죽 모자를 목에 묶어 쓰기도 한다.

• 음식

전통적으로 네네츠인은 순록을 사육하면서 이로부터 식용 고기와 지방을 얻었다. 순록은 매우 맛있고, 부드러운 고기이며, 들새의 향이 난다. 이 고기는 보통 소금에 절이는 간단한 방법으로 오랜 기간 보존하고 저장할 수 있다. 다양한 형태로 소금에 절인 고기를 만들 수 있는데, 바로 날 것으로도 가능하고, 훈제하거나 말려서도 가능하다. 네네츠인의 음식에는 순록의 신선한 간, 콩팥, 피 등으로 만드는 매우 이국적인 요리도 있다. 그 외로도 혀, 심장, 순대 등을 재료로 만든 훌륭한 맛있는 음식이 많다.

북극의 가혹한 조건에서 생존하기 위해 네네츠인은 피가 떨어지는 날고기를 먹을 필요가 있었다. 이것은 맛좋은 요리일 뿐만 아니라, 유기체에 필요한 비타민 섭취(특히 비타민 C와 B2)를 위한 것이기도 했으며, 순록 고기에는 이러한 요소가 다량 함유되어 있다. 따라서 네네츠인은 항상 괴혈병에 걸리지 않았다.[349)]

순록 이외에 요리 재료로는 소고기, 돼지고기, 바다의 각종 물고기, 그리고 송어, 꼬치고기(щука), 시베리아 송어(нельма) 등 내륙의 민물에서 잡힌 물고기들도 널리 이용된다. 물고기는 기본적으로 익혀 먹거나 쪄먹는다.

순록 사육지의 주민은 불에 볶아서 훈제 고기 같지만, 절이지 않은 순록 고기를 좋아한다. 네네츠인이 즐겨 찾는 요리는 송어, 순록, 간 요리, 밀가루 수프, 피를 넣은 전, 마카로니를 넣은 찐 고기 등이다. 고기 요리에 마카로니를 곁들이는 것을 좋아하며, 쌀과 채소는 아무래도 매우 드문 재료이다.

북방 주민이 좋아하는 음료는 차, 월귤 나무(брусника), 호로딸기(морошка), 월귤 나무(черника)로 된 과일 음료와 과즙, 그리고 전분과 딸기 즙으로 만든 젤리 등이 있다. 빵의 재료로는 호밀을 선호한다.

• 주택

북방 인종 및 민족에 관한 전설에 따르면, '이동 천막(чум)'과 사람은 거의 동시에 출현했다. 고고학자들에 따르면 가벼운 원추형 텐트는 시베리아의 고대 사냥꾼에게도 아주 친숙하게 등장하는 주거 형태이다. 몇몇 사람이 들어갈 수 있는 이 주거 공간은 기둥을 교차시켜 틀을 짠 다음, 나뭇가지, 나무껍질, 혹은 짐승 가죽으로 덮어서 누구든 어떤 장소에서든 쉽게 만들 수 있다.

네네츠인의 전통적인 집은 바로 이 이동 천막이다. 네네츠어로 이것을 '먀(мя)'라고 부른다. 그것은 툰드라의 탁 트인 공간에 아주 적합한 원뿔 모양으로 되어 있다. 그것은 눈보라와 강풍에도 안정적이다. 눈이 천막의 표면에 붙지 않고 흘러내리기 때문에 이러한 형태는 이곳의 기후에 아주 적절한 모양새이다.

이동 천막은 장대로 골격을 잡는다. 네네츠인은 장대를 오랫동안 공들여 장만하는데, 그것은 보통 수십 년 이상 쓸 수 있다. 이동 천막은 크기에 따라 40~45개(때로는 50개)의 장대로 구성된다. 이동 천막의 기초로서 먼저 두 개의 장대를 서로 마주 보게 하여 비스듬하게 세우는데, 장대 제일 위의 끝에서 좀 내려온 지점에 서로 교차하고 밧줄로 묶어 고정한다. 그리고 그 밑에 다른 장대들을 세우면서 서로 연결하여 고정한다.[350)]

이동 천막을 덮는 용도로 네네츠인은 순록의 힘줄로 만든 실로 순록의 가죽을 엮어 커다란 덮개를 만든다. 겨울에는 네 개의 덮개가 필요한데, 두 개의 낮은 덮개는 이동 천막의 내부 골격을 덮고, 위의 두 개의 덮개는 바깥을 두른다. 덮개를 꿰매고 만드는 데에는 약 60마리의 짐승 가죽이 필요하다. 덮개는 보통 수년 동안 쓸 수 있으며, 필요할 때마다 교체하면 된다.

이동 천막을 세울 장소는 남자들이 찾는다. 우선 시기별로 장소를 달리 선택할 필요가 있는데, 겨울에는 바람이 불지 않는 곳에, 여름에는 탁 트인 곳에 이동 천막을 세운다. 여성들은 엄격한 순서에 따라 이동 천막을 짓는다. 먼저 난로를 놓을 천막의 중심 위치를 결정하고, 그 주위에 마루 판자를 댄다. 그리고 잔디와 나뭇가지로 만든 매트를 침대의 위치에 깐다. 그다음 장대를 세운다. 두 개의 수평으로 된 긴 막대기가 수직으로 된 중앙의 내부 장대에 고정된다. 그 막대기에는 솥을 걸 수 있는 구부러진 철 갈고리가 걸려 있다. 그리고 이동 천막 바깥에 덮개를 덮고 위에서 밑까지 팽팽하게 당겨 편다. 이렇게 이동 천막은 30~40분 만에 세워진다.

[그림 77] 네네츠인 가족과 전통 가옥 '먀'[351)]

이동 천막의 덮개를 씌우기 위한 용도로 특별한 장대가 따로 있다. 바람이 이동 천막 밑으로 새어 들어오지 않게 천막 바깥 밑의 아래 끝자락에 겨울에는 눈을, 여름에는 흙을 덮어 놓는다. 덮개의 가장자리는 겹쳐서 포개 놓는다. 외부 덮개 중 가장자리 하나는 천막의 입구가 된다. 남자는 문을 정면으로 보고 손으로 천을 젖히면서 똑바로 들어가는데, 여자와 아이는 문에 등을 진 채 몸을 돌리면서 문을 통과한다.

여름에 이동 천막의 덮개는 낡은 순록 가죽이나 자작나무 껍질로 만든다. 오늘날 여름에는 덮개 재료로 방수포나 기타 내구성 인조 직물이 이용되고 있다.

이동 천막에서 화로는 아주 중요한 존재로 여겨지며, 항상 불이 꺼지지 않도록 조심하여야 한다. 화로의 불이 꺼지지 않고 계속 탄다는 것은 가족의 대가 끊기지 않고 계속 이어진다는 것을 상징한다. 오늘날은 화로 대신에 휴대용 철제 난로가 이용되고 있고, 또 등유로 불을 켜고 있다.

화로 외에도 아주 중요한 지점은 바로 문 입구와, 그리고 내부의 중앙에 서 있는 장대이다. 문 입구는 두 영역을 나누는 경계이다. 즉, 문 입구는 생명체의 영역과 비생명체의 영역, 혹은 야생의 영역과 인간의 영역을 나누는 지대이다. 물론 이것은 일종의 미신이다. 그래서 어른들은 아이들에게 문에 앉아 있거나 서 있지 말라고 한다. 왜냐하면, 영혼이 데려갈 수 있기 때문이다. 또한, 문을 통해서 죽은 자를 절대 꺼내어 옮기지 않는데, 그를 옮기기 위해서 천막의 덮개를 아예 걷어 올렸다. 결혼식 때 입구는 신랑과 그의 친척들에게는 장벽이었다. 그들은 신부의 이동 천막 입구에 옷감 조각을 들이밀어 넣어야 했다. 이러한 행동들이 나타나는 것은 문 입구의 다른 편에 영혼들이 사는 또 다른 공간이 있다는 믿음 때문이다.

이동 천막 안의 중앙에 서 있는 장대는 솥을 걸기 위한 장치이다. 장대와 화로 사이의 공간은 이동 천막 안에서 신성한 곳으로 여겨진다. 여자는 이곳을 지나칠 수 없다. 종교 행사가 있을 때 무당은 이 장대 곁에 앉아서 장대에 북을 건다.

이동 천막 문을 들어와 바로 건너편의 공간은 '시냐(синя)'라고 불린다. 그곳은 남자의 신발, 도구, 탄약 등이 보관된 남성의 영역이다. 그곳의 좌우로 침대가 놓여 있고, 이동 천막의 가죽 벽을 따라 이불과 베개가 놓여 있다. 각 이동 천막에는 가벼운 직물로 짠 침대 휘장이 있고, 잘 때 그것을 침대로 드리운다. 여성의 영역은 이동 천막의 출구 근처이다. 그곳에 여자들은 자신의 물건들, 예를 들어 가죽으로 만든 각종 장신구,

신발, 옷 등을 놓는다. 여자들은 화로 곁의 어떤 곳에도 있을 수 있으나, 전통에 따라 남성의 옷, 무기, 각종 도구를 넘어다닐 수 없다. 만약 여자가 그 물건들을 넘어가면 남자에게 재앙이 일어나거나, 남성의 물건이 망가진다고 네네츠인은 생각한다.

• 수공예

네네츠인 대부분은 유목 생활을 하였다. 그들은 전통적으로 모피로 쓰일 짐승, 그리고 야생 순록, 들새, 물새 등을 사냥하거나 낚시를 하면서 삶을 유지했다. 18세기 중반부터 순록 사육이 주요 경제활동이 되었다. 이 사육업의 특징은 목동이 순록 몰이 개들을 이용하여 1년 내내 순록을 방목하여 키운다는 것과 순록이 끄는 가벼운 나무로 만든 썰매를 타고 여기저기 이동한다는 것이다. 짐을 운반하기 위한 운송용 썰매도 따로 있다.

네네츠인의 예술적 창의가 돋보이는 부분은 주로 의복에서 나타난다. 옷을 만드는 재료는 순록과 송아지 가죽 등으로부터 얻는다. 색감, 질감, 밀도, 강도 등 자연스러운 가죽의 특징을 이용하여 옷을 다채롭게 만들 수 있다.[352)]

수공예품에는 다양한 기하학적 무늬가 표현되는데, 그러한 무늬는 주변 환경으로부터 따온다. 예를 들어 토끼 귀, 순록 뿔, 큰사슴 뿔, 송아지의 조그만 뿔 등에서 영감을 얻는다. 모자이크처럼 조각조각 짜깁기 형태로 만든 가죽 가방은 여성이 바느질하여 만드는 특산물 중 하나이다. 또한, 담배쌈지도 이에 해당된다.

그리고 네네츠인은 자작나무 껍질, 나무, 뼈, 금속 등을 이용하여 공예품을 만든다. 이러한 것들은 네네츠인의 생활에 필요한 것이기도 한데, 예를 들어 담뱃갑, 화약 주머니, 칼 손잡이, 담배 파이프, 부싯돌용 돌, 단추, 혁대 버클, 혁대, 눈을 깨트리는 방망이, 햇빛을 차단하는 안

[그림 78] 전통 의복[353)]

경, 마차에 순록을 매는 여러 가지 도구 등이다. 각 공예품의 표면에 무늬를 새기는 기술이 발달해 있는데, 주로 목재나 뼈에 무늬를 새긴 다음 금속을 박아 넣는 상감 기법을 활용한다.

소조형물은 네네츠 예술의 특별한 영역에 해당되는데, 그것은 종교적 조형물을 만드는 과정에서 발전되었으며 성스러운 성격을 띠고 있다. 기본적인 재료는 나무(사시나무, 소나무, 자작나무 등)이며, 동물, 새, 순록 등에서 착안하여 조각한다.

2. 현대 문화

• 문화 활동

'순록의 날(День оленя)'은 네네츠인의 중요한 전통 축제일이다. 이 축제는 1932년에 최초로 등장했는데,[354)] 2007년 12월 14일 네네츠 자치구 구지사 발레리 포타펜코(Валерий Потапенко)가 이날을 법으로 지정했으며, 관련 행사를 매년 8월 2일부터 일주일간 진행하도록 공식적으로

정했다.[355] 따라서 이 축제는 약 80년간 이어져 왔다.

축제에서는 지난 한 해 지역의 산업별 활동 결과 및 각 기업의 결산 내용, 그리고 순록의 보유 현황 등에 대해 보고를 한다.[356] 그리고 축제 기간에는 순록 썰매를 타고, 경주하기도 하며, 순록의 생고기를 먹고 피를 마신다. 여성들은 축제 때 남성들과 함께 낚시하거나 사냥을 한다. 또한, 축제 기간에는 모두 네네츠 전통 의상을 갖추어 입는다.[357]

네네츠 자치구에는 예술 활동을 벌이는 많은 단체가 있으며, 오늘날 이들을 통해 네네츠 민속 예술의 전통이 계승되고 있다. 그들 중 다수는 러시아와 외국에서 수차례 수상한 경력이 있다. 그러한 단체로는 예를 들어, 네네츠 민속가무단인 '하야르(Хаяр－네네츠어로 태양이라는 의미)', 스미르노프(В. Смирнов) 러시아 민속합창단, 네네츠 민속합창단인 '마임바바(Маймбава－네네츠어로 기쁨이라는 의미)', 러시아 민속악기연주단인 '세베랸카(Северянка)', 청년 민속무용단인 '북방의 청년(Юность Севера)', 네시 마을(село Несь) 민속합창단 등이 있다.

1989년 네네츠 자치구에 네네츠 민속협회인 '야사베이(Ясавэй－ 네네츠어로 향토 보급자라는 의미)'가 창설되었다. 이 단체의 목적은 네네츠인의 사회·경제적 문제들을 해결하고, 그들의 민족적 의식을 자각시키며, 문화와 전통적 삶의 방식을 계승하는 것이다. 야사베이는 러시아연방 북부, 시베리아, 극동 토착 소수민족협의회(Ассоциаця коренных малочисленных народов Севера, Сибири и Дальнего Востока Российской Федерации)의 일원이다.[358]

네네츠 전통 음악은 핀란드의 민족적 서사시 칼레발라(Kalevala)와 야쿠트인의 서사시 올론호(Олонхо)와 유사하다. 전통 네네츠 음악에는 악기나 춤이 없다. 매년 열리는 미미 노르(Мими Нор) 축제는 현대 네네츠 음악의 중요한 표출 공간이 되고 있다.[359]

• 문화 기관

네네츠 자치구가 형성되기 전까지는 정기간행물이 출판된 적이 없었다. 1929년부터 '냐르야나 빈데르(Нярьяна вындер: 붉은 툰드라 사람(Красный тундровик)이라는 뜻)' 신문이 출간되었고, 1929~59년 시기에는 짜임새 있게 제대로 틀을 갖춘 각종 정기 출판물과 지역 신문이 발간되었다. 1990년대에는 다양한 정치 성향을 띤 언론들이 등장하였다. 지역 라디오 방송은 1967년 시작되었다.[360)]

1917년 혁명 전까지 네네츠 자치구에는 실질적으로 일반 도서관이 없었는데, 자치구가 형성되면서 건립되었다. 1978년부터 네네츠 자치구에 중앙도서관 체계가 운영되기 시작했는데, 그것은 4개의 시립 도서관, 1개의 도시형 부락 도서관, 32개의 농촌 도서관으로 구성되었다. 오늘날 네네츠 자치구에는 35개의 도서관, 40개의 문화 및 여가 시설, 지지학 박물관과 푸스토죠르스크(Пустозёрск) 박물관, 자치구 전시관, 민속문화센터, 엑스포센터 등이 있다. 이제 네네츠 자치구에는 주민 모두가 이용할 수 있는 국가 및 지방 차원의 문화 기관이 잘 발달해 있다. 이러한

[그림 79] 나리얀-마르 시의 전시관[362)]

상황을 자세히 살펴보면 다음과 같다.

네네츠 자치구 주민이 양호한 환경에서 독서할 수 있는 35개의 도서관(시골에 33개)이 있다. 책 구매를 위하여 매년 확보되는 도서기금은 유네스코 권장 수준보다 두 배 이상 많다. 박물관으로는 국립박물관이 2곳, 지방, 공공, 조합박물관이 14곳 있다. 박물관에는 네네츠인, 코미인, 러시아인의 전통 민속품과 예술품, 역사적, 문화적 사료, 고생물학적, 광물학적, 고고학적 수집품 등 다양한 소장품이 전시되어 있다. 국립박물관의 소장품 중 가장 오래된 것은 약 1,100년의 연대기를 가진 것으로 추정된다. 전시관은 1991년에 개관되었다. 전시물은 212㎡의 규모에 달하는 2개의 홀에 진열되어 있다. 여기에는 다양한 장르로 구성된 창작물과 네네츠 자치구의 지지학, 역사, 문화에 대한 전시품들이 있다.[363]

네네츠 자치구에는 두 개의 어린이 예술 학교가 있다. 학교에서는 피아노, 민속 음악, 오케스트라, 취주악기, 미술 등의 전공을 가르치고 있다. 오늘날 네네츠 자치구 시골에는 34개의 문화 클럽과 29개의 영화관이 있다. 또한, 민속 문화를 홍보하는 독창적이고 창의적인 단체들이 있는데, 예를 들어 네네츠 민속 노래와 춤 연주단으로서 '하야르(Хаяр)'와 '마임바바(Маймбава)'가 있고, 독립 영화관으로서 '일레브츠(Илебч)'가 있다.

민속창작 분야에는 320개가 넘는 예술 활동 단체가 활약하고 있으며, 12개 단체는 '민속'과 '우수'라는 칭호가 붙어 있는데, 그들은 전 러시아, 국제 페스티발, 경축행사나 대회에 고정적으로 참여하는 단체들이다. 또한, 300명 이상의 직업적 전문가들이 순록의 가죽과 모피, 뿔과 뼈, 나무 등으로 민

[그림 80] 나리얀-마르 시의 문화센터[365]

속예술 수공품을 제작하고 있으며, 예술 수예, 자수, 레이스, 비즈세공 등을 하며 활약하고 있다.[364)]

문화 분야와 관련된 국제협력 차원에서 네네츠 자치구의 각종 문화 기관들은 국제적인 프로젝트에 광범위하게 참여하고 있다. 특히 바렌츠 유럽 북극 지역에서 성공적으로 진행되고 있는 프로젝트인 '바렌츠 지역 응용예술(Прикладное искуство Баренц региона)', '아동 · 청소년 문예(Детско-юношеская литература)' 등과 긴밀한 문화적 관계가 형성되어 있다.

2006년 11월 24일 '2007~2010년 네네츠 자치구 문화 보전과 발전(Сохранение и развитие культуры Ненецкого автономного округа на 2007-2010 годы)'이라는 프로그램이 네네츠 자치구 법령으로 확정되었다. 해당 프로그램은 전체적으로 약 13억 루블의 비용이 들었다. 2007년에는 새 도서관 건물이 문을 열었고, 지질학 박물관이 건축되었다. 또한, 네네츠 자치구에서 가장 규모가 큰 문화 기관인 나리얀-마르 시 '공공여가센터(Общественно-досуговой центр)'가 푸틴 대통령의 동의를 얻어 연방예산의 재정적 지원을 받게 되었다.[366)]

[그림 81] 나리얀-마르 시의 체육관[368)]

현재 네네츠 자치구에는 다양한 종류의 스포츠 연맹이 20개 이상 활동하고 있다. 네네츠 자치구 운동선수들은 러시아 주 차원 및 국가 차원의 각종 대회에 정기적으로 참가하고 있다. 2007년에는 축구, 농구, 배구, 탁구, 복식, 사격 분야의 젊은 운동선수들이 '러시아 학생 하계대경기(Летняя Спартакиада учашихся России)'에 출전한 바 있다.[367)]

북극의 별

네네츠

VIII

한국과의 관계: 자원 개발 및 투자 전망과 잠재력

한국과 네네츠 자치구는 멀리 떨어져 있기도 하거니와 서로 그동안 많은 관심을 두지 않았기 때문에, 양자 관계에 크게 주목할 만한 것이 없었다. 대외 관계에서 네네츠 자치구는 지리적으로 가까운 유럽과 접촉이 많았다. 이곳의 석유와 가스는 러시아에서 소비되거나 송유관과 파이프라인을 이용하여 유럽으로 수출되곤 하였다. 또한, 유럽으로부터 투자 유치를 위하여 네네츠 자치구는 그동안 많은 노력을 기울여 온 바 있다. 하지만 최근에는 네네츠 자치구의 수출 통로 다변화 노력과 한국의 대러시아 에너지 개발협력 강화 노력이 맞물리면서 이를 중심으로 각종 협의가 계속 이루어졌다.

1. 한국과 네네츠 자치구의 교류

네네츠 자치구와 한국의 공식적인 첫 만남은 2007년으로 기록되어 있다. 바로 2007년 6월 14~15일 상트페테르부르크 소재 총영사관의 최재근 총영사가 네네츠 자치구를 방문한 것이다. 최재근 총영사의 방문 목적은 기본적으로 친교에 두어졌다. 그는 발레리 포타펜코(Валерий По-

[그림 82] 최재근 총영사의 네네츠 자치구 방문[370)]

тапенко) 네네츠 자치구 지사, 이고리 코신(Игорь Кошин) 의회 의장, 레오니드 사블린(Леонид Саблин) 나리얀-마르 시장을 방문하였다. 또한, 루코일-북석유·가스(ЛУКОЙЛ-Севернефтегаз) 사장인 알렉세이 볼순(Алексей Болсун)과 만나 관련 시설들을 돌아보았고, 네네츠 민족협회인 '야사베이(Ясавей)'도 방문하여 협회장과 면담을 했다.[369)] [그림 82]는 당시 회담 장면을 언론에서 촬영한 것이다.

대한민국 총영사와 네네츠 자치구 지사는 한국과 네네츠 자치구가 발전적인 관계를 도모하고 서로 협력하기 위해 다양한 사안들을 논의하였다. 발레리 포타펜코는 "네네츠 땅에 이렇게 귀한 손님을 모시게 되어 대단히 기쁘다… 짧은 방문이지만 많은 사람을 만나 교제하고, 네네츠 자치구에 대하여 좋은 인상을 받기 바란다… 네네츠 자치구는 경제가 급속히 발전하고 있는데… 한국과 네네츠 자치구가 향후 건설적인 협력의 접점을 성공적으로 찾아 나갔으면 좋겠다…"라고 언급하였다. 최재근 총영사는 "이번 방문은 영사 구역 내에 있는 러시아 지역과 더 가깝게 지내기 위한 희망으로 추진되었다… 상트페테르부르크의 대한민국 총영사관은 설립된 지 1년밖에 되지 않았는데… 북서연방관구에 속한 지역의 행정주체들과 적극적인 협력 관계가 이루어지기를 희망하고 있다… 알려졌다시피 네네츠 자치구는 지금 사회 및 경제가 급속히 발전하고 있으며, 풍부한 천연자원을 보유하고 있다… 대한민국은 천연자원 탐사와 채굴에 대한 정보를 얻고자 한다… 네네츠 자치구와 많은 교류와 협력이 있기를 기대한다…"고 답변하였다.[371)]

네네츠 자치구 지사인 발레리 포타펜코는 최근 러시아와 한국 간의 관계가 더욱 생산적이 되었다고 덧붙였는데, 그 예로 시베리아 중앙에서 태평양 연안까지 송유관을 건설하는 대형 러시아 프로젝트를 들었다. 즉, 이에 대한 투자국으로 한국을 포함한 몇몇 아시아 국가들이 거론되고 있는데, 네네츠 자치구에서 생산된 석유도 이 송유관으로 이어질 것이기 때문에 관심을 많이 두고 있다는 것이다. 구지사는 구체적인 계획을 논의하기 위해 계속 만나기를 희망하였으며, 네네츠 자치구의 풍부함은 땅 밑에만 있는 것이 아니라 원주민의 순록사육이나 어업과 같은 전통적인 산업에도 있다고 강조했다.

그 후 2011년 2월 13~14일 새로 부임한 상트페테르부르크 대한민국 이석배 총영사가 다시 나리얀-마르 시를 방문하였다. 그는 구지사인 이고리 표도로프(Игорь Фёдоров)와 회담을 했고, 인프라 발전 문제를 담당하는 부구지사 얀 베를린(Ян Берлин)과도 만났다. 또한, 그는 네네츠 자치구 행정부 실장이자 천연자원 및 생태관리 담당자인 이고리 미하일로프(Игорь Михайлов)와도 만났다.[372] [그림 83]은 당시 촬영되어 네네츠 자치구 공식 홈페이지에 실린 것이다.

한국 대표단은 대한민국과 네네츠 자치구의 경제협력 구축 가능성에 관심을 보였다. 이석배 총영사는 이고리 표도로프 구지사와 외국인 투자유치 조건에 대해 논의하였으며, 인프라 발전과 천연자원 개발 프로젝트에 관해서도 관심을 표명했다. 또한, 네네츠 자치구와 대한민국 간에 장기적인 우호관계가 수립되기를 강력히 희망하였다.

[그림 83] 네네츠 자치구를 방문한 이석배 총영사[373]

이석배 총영사는 네네츠 자치구 지사와 만나면서 "대한민국 기업인은 풍력발전기 건설 프로젝트, 그리고 농업 분야에도 참여할 준비가 되어 있다… 또한, 2011년 3월 25일 나리얀-마르 시에서 열릴 '유럽 북극-2011(ЕвроАрктика—2011)' 국제 석유·가스회의에 대표단을 파견하고 싶다…"라고 언급하였다. 이고리 표도로프 구지사는 총영사와 만나면서 "우리는 준비된 투자자가 네네츠 자치구로 온 것을 환영하며, 협상을 위해 문을 활짝 열어 놓고, 경제, 문화, 보건 등 다양한 분야에서 협력 프로젝트를 논의할 준비가 되어 있다… 소규모 석유 산지 개발에 대한민국 사업가를 유치할 준비가 되어 있다… 순록사업도 전망이 좋다… 우리는 대한민국이 에너지 프로젝트에 참여할 의사를 표시하여 기쁘게 생각한다… 마침 우리는 지역 전력 시스템을 질적으로 개선하는 작업을 시도하는 중이다… 우리는 대한민국 기업인과 담당 행정기관이 양호한 환경에서 원활히 활동할 수 있도록 모든 정책적 지원을 아끼지 않을 것이다…"라고 답하였다.[374)]

양측은 또한 북극해 해안가 도로의 개발과 관련된 사업에도 관심을 표명했다. 한국은 세계에서 선박 수주 규모가 5위인 국가이며, 조선업이 잘 발달해 있고, 특히 러시아 쇄빙선을 건조하는 일도 하고 있다. 이 문제에서 이고리 표도로프 구지사는 "항구와 도로 건설 프로젝트가 지금 가장 중요하다…"라고 언급하였으며, 이석배 총영사는 "대한민국은 북극항로 항해 전문가가 필요하다고…"라고 밝혔다.

이외에도 자치구 의회 의장인 이고리 코신(Игорь Кошин)이 회담에 참석하여 네네츠 자치구와 대한민국의 협력에 대한 지지 의사를 표명하였다. 부시장인 올가 말리기나(Ольга Малыгина)는 문화와 교육 분야에서 프로젝트를 함께 할 준비가 되어 있다고 밝혔으며, 자폴랴르니 군(Заполярный район) 군수인 알렉산드르 베주모프(Александр Безумов)도 대한민국과의 협력 의사를 표명했다.

그 후 2011년 4월 21~22일 대한민국 서울에서 극동 및 시베리아 한·러 경제 및 과학기술 협력 공동위원회 7차 회의가 열렸다. 이때 네네츠 자치구 위원회에서는 소스노고르스크 시(город Сосногорск)와 인디가 농촌형 부락(посёлок Индига), 그리고 보르쿠타 시(город Воркута)와 우스티-카라 농촌형 부락(посёлок Усть-Кара)을 연결하는 철도 건설 프로젝트를 제안하였다. 또한, 러시아 지역관계 및 국경협력발전 분과(Департамент международных связей и развития приграничного сотрудничества Минрегионразвития России)를 통해 대한민국 기업인에게 네네츠 자치구 투자 잠재력에 관한 보고서를 제출하였다. 또한, '페초라 LNG(Печора СПГ)' 프로젝트, 그리고 구형 디젤발전소를 풍력에너지 시스템으로 대체하는 프로그램도 회의에서 검토되었다.[375] 이와 같이 2000년대 중·후반 이후 네네츠 자치구와 대한민국 사이에는 다양한 협력 방안이 활발하게 논의되고 있다.

네네츠 자치구와 대한민국 간에는 문화 차원의 교류도 있었다. 2010년 1월 네네츠 자치구 순록 목장에 대한민국 SBS 방송사 촬영 팀이 도착했다.[376] 이들은 '러시아의 툰드라'라는 주제로 다큐멘터리를 제작하기 위해 이곳을 방문한 것이다. 당시 SBS 책임 프로듀서에 따르면, 이 다큐멘터리를 통해 툰드라의 아름다움, 웅장함, 순록, 그리고 이 땅에서 살아온 사람들의 전통적인 생활양식을 소개할 목적으로 이러한 촬영이 기획되었다.[377]

당시 네네츠 자치구에는 다음과 같이 SBS 방송사가 소개되었다. 방송국 'SBS'는 한국의 삼대 방송국 중 하나이며, 시청자가 전 세계적으로 4천5백만 명이 넘는다. 더 나아가 이제 방송국은 케이블 TV, 위성 방송과 인터넷 등을 통해 세계 최대의 텔레비전 및 라디오 방송 그룹으로 도약할 준비를 하고 있다.

또한, 네네츠 자치구 언론에는 다음과 같은 내용으로 이 촬영의 의미가 소개되었다. "지금 대한민국 방송국은 새로운 프로젝트 '툰드라의 불멸'을 준비하고 있다… 관심의 초점이 되고 있는 것은 네네츠 자치구, 그 자연, 원주민의 전통 생활양식 등이다… 방송국 기자들은 순록 목장의 대규모 이동 장면, 순록 포식자의 습격 장면을 촬영하기 위해 준비하고 있으며, 또한 순록 목동의 활동, 사냥, 낚시, 이동천막, 개썰매 등을 영상에 담고자 한다… 또한, 한국 기자들은 순록의 이동에 영향을 주는 지구 온난화에 대한 내용도 필름에 담고자 한다… 담당 프로듀서가 언급하기를 '툰드라의 불멸' 프로그램은 장구한 세월을 이 땅에서 이어온 인간 삶의 비밀을 소개하기 위한 것이다… 아마도 네네츠의 툰드라는 세계의 인식을 변화시키는 시작점이 될 수 있을 것이며… 세계는 우리에 대해 알게 될 것이다…"[378)]

당시 촬영된 필름은 2010년 말 한국에서 방영되었으며, 그 방송은 러시아 북극 지역을 포함하여 시베리아 곳곳의 자연환경, 소수민족, 전통적인 생활양식 등에 새로운 관심을 불러일으키는 자극제가 되었다. 당시 영상은 한국인에게 신선한 충격을 주었으며, 그것은 한국이 네네츠 자치구를 주목하게 되는 계기가 되었다.

2. 북극의 환경 변화와 개발 전망

네네츠 자치구의 개발 전망과 향후 한국과의 협력에서 중요한 관건 중 하나는 오늘날 변화하고 있는 북극의 환경 문제라고 말할 수 있다. 한국이 네네츠 자치구에 투자하든 개발에 참여하든, 또한 각종 천연자원을 한국으로 보낼 때든, 북극의 환경 변화나 북극해의 통과 문제는 중요한 변수가 된다. 또한, 네네츠 자치구 앞바다를 포함하여 북극해에 매장된 자원도 세계로부터 초미의 관심 대상이 되고 있다. 따라서 북극의 변화와 이에 대한 러시아의 입장과 정책, 그리고 진로와 방향성에 대해 개괄적으로 다음과 같이 소개한다.

[그림 84] 북극해 항로와 지중해-인도양-태평양 항로의 비교[379)]

• 북극의 변화와 지정학적 변동

지난 몇 년간 북극의 변화는 사람들을 고무시키기고 불안에 떨게 하는 근원지가 되었다. 캐나다 북서항로와 러시아 북부항로의 개발은 유럽과 극동 간의 무역 경로를 상당히 단축(거리상으로도 수천 킬로미터에 달하며 시간상으로도 수십 일을 단축)시킬 가능성을 열었다. 한편 아직 매장량이 정확히 파악조차 되지 않은 막대한 석유와 가스로 인해 북극해와 이해관계가 있는 국가 간의 국가 주권, 안보, 지역의 안정성에 금이 가게 되지 않을까 하는 우려도 낳고 있다. 현재 북극에서 일어나고 있는 변화를 기술, 경제, 기후, 법률 등 네 영역으로 나누어 살펴볼 수 있다.

* 기술의 변화

북극해를 덮고 있는 얼음층을 극복할 수 있는 돌파구가 20세기 수십 년간의 연구 끝에 마련되었다. 즉, 선박이 북극해의 얼음을 헤치고 그

사이로 빠져나갈 수 있는 강철 선체의 강화방식이 개발된 것이다. 또한, 원자력 에너지를 이용하는 쇄빙선이 북극 해안 전체를 돌아다닐 수 있게 되었다. 게다가 이중 선체로 된 새로운 선박 구조가 고안되면서 쇄빙선의 도움이 필요하지 않은 상용 화물선과 유조선이 나타나기에 이르렀다. 이에 뒤이어 심해와 극지의 조건에서도 석유와 가스 채굴이 가능한 새로운 기술 개발이 뒤따랐다.

* 경제의 변화

최근 수십 년 동안 서유럽의 에너지 수요가 가파르게 증가하자 제2차 세계대전 후 경제적 관계가 단절되었던 유럽 시장과 소련의 에너지기업 간의 협력관계가 다시 회복되었다. 소련의 붕괴는 유럽과 러시아가 에너지 자원에 대한 협력이 한층 증대되는 계기를 마련해 주었다. 이러한 환경의 변화는 유럽 국가들에게 러시아의 원료가 서구의 에너지원을 다각화시킬 기회뿐 아니라 투자 기회도 될 수 있다는 인식을 주었다. 미국 지질 조사국에 의하면 북극의 지표 밑에는 아직 정확히 조사되지 않은 세계 탄화수소(석유와 천연가스의 주요 구성성분) 총 매장량의 4분의 1이 있을 것으로 추정되며, 이로 인하여 러시아 북극 자원 개발에 대한 유럽, 동아시아, 미국 등 전 세계의 관심이 커지고 있다.

[그림 85] 핵연료 쇄빙선[380)]

* 기후의 변화

지난 30년 동안 진행된 기후의 온난화 현상 때문에 인류는 과거에 비해 더 수월하게 북극에 접근할 수 있게 되었다. 북극 지역 겨울의 얼음층이 이전보다 거의 10% 감소했기 때문이다. 2007년 여름 관측에 따르면 얼음의 면적은 1979~2000년 기간의 평균 수준과 비교하여 ⅓이 감소했다. 이러한 현상은 향후 수십 년간 계속될 것이다. 기후변화에 대해 국제전문가 집단에 제출한 러시아 해양기상청의 2008년 보고서에는 2040년 북극 해안의 겨울 기온은 거의 4도, 여름에는 2~3도 상승할 것으로 예측되고 있다. 겨울의 추위는 덜 혹독해지고, 하천과 해안 지역의 얼음은 더 녹아 사라지게 될 것이다.

이러한 온난화 현상으로 인하여 향후 수십 년간 이 지역 생태계에 변동이 일어날 것이고, 숲은 북쪽으로 더 퍼져 나갈 것이며, 남쪽에서는 식물의 생장 기간이 늘어날 것이다. 지구 온난화로 인하여 세계가 러시아의 북극 중앙부에 접근하는 것이 용이해졌으며, 북극해에 접해 있는 러시아 내륙과 세계 각 지역 간의 거리는 가까워질 것이다.

* 법률의 변화

1926년 소련은 북극점에서 소연방 북쪽 해안의 동쪽과 서쪽 끝점을 잇는 선에 따라 나뉘게 되는 구역으로 북극 지대를 분할할 것을 제안하였다. 그러나 당시는 북극에 접근하는 것 자체가 힘든 일이었기 때문에 이 제안이 별로 중요하게 받아들여지지 않았다. 제3차 UN 해양법회의에 가서야 해양에서의 국가 관할권 경계에 대한 문제가 제기되고 포괄적인 합의가 도출되기에 이르렀다.

1982년에 체결된 UN 해양법협약(Конвенция ООН по морскому праву)은 해양 연안국 경계선 설정에 대한 새로운 법규를 확정하였다. 그 후 1997년 러시아는 해안과 북극 해양의 섬들이 포함된 12해리 영해와 200해리 배타적 경제수역 범위에 해당하는 북극해 지역의 영토 주권을 보장하는 협약에 가입하였다. 협약에는 대륙붕에 대한 포괄적인 정의가 내려졌고, 그를 통해 1926년 구역별 분할의 원칙을 선포했던 주장대로 러시

치들과 토지자원의 합리적 이용 방안이 함께 마련되지 않는다면 환경은 파괴될 것이다.

큰 비용이 들어간다는 점을 감안할 때 러시아의 공식적인 북극 발전프로그램은 특히 균형 잡힌 개발의 필요성을 강조하고 있다. 2006년 러시아는 북극 영유권 주장국들로 형성된 북극위원회(Арктический совет)에 지속적 발전을 위한 의견서를 제출했다. 이 의견서는 러시아연방 지역발전부(Министерство регионального развития РФ)에 의해 계속 검토되고 있다. 또한, 러시아는 북극해의 수질 및 해양 환경보호에 대한 국제적인 의무가 있다. UN 해양법협약은 국가 법률의 채택 및 시행을 통해 토지오염원을 방지해야 할 의무를 담고 있다. 북해 항로의 개발은 뭔가 문제가 발생했을 때는 물론이며 정상적인 개발의 조건에서도 선박으로 인해 발생하는 오염 때문에 매우 신중할 필요가 있다.

UN 해양법협약은 선박으로 인해 발생하는 오염의 방지와 관리의 문제를 세밀하게 다루고 있다. 배타적 경제수역 내 얼음으로 덮인 지역의 해양 환경을 보호하기 위해 공정하고 과학적인 기준의 오염방지관리 권한이 연안국들에게 위임되었다. 또한, 러시아는 북해 항로의 이용을 규제하는 책무를 받았고, 따라서 러시아의 해양 정책에는 공식적으로 '국제법상의 일반적인 규범, 그리고 해상 활동에 대한 러시아연방의 국제 조약'이 반영되어 있다.

북극 지역에 대한 러시아 외교 정책의 원칙적인 지향점은 평화와 협력을 바탕으로 하는 것이다. 이러한 원칙은 미국과 노르웨이 간의 양국 국경협정에서, 북극 국가 간의 일룰리셋 조약(Илулиссатское(Ilulissat) соглашение)에서, UN 해양법협약에서, 북극위원회, 국제해양기구(Международная морская организация), 기타 국제기구 등의 조약문에 반영되어 있다.

해상 무역의 발전과 함께 러시아는 점차 세계적 수준에서 자유롭게 항

[그림 87] UN 해양법협약에 따른 경제수역도[382]

해할 수 있는 여건을 확보하는 데에 모든 노력을 기울이고 있으며 자신의 근해에 대한 안보의 확보에도 많은 관심을 보이고 있다. 특히 북극에 대한 러시아의 지정학적 관심은 계속 커지고 있으며, 이에 따라 해양 주권의 확립과 확대에 러시아는 더욱 더 관심을 두게 되었다. 이것은 안보, 과학, 정보 교환, 해양자원의 개발, 환경보호에 대한 단일한 규범과 원칙을 지닌 북극에서의 상호 해상협력을 통해 가능할 것이다. 이러한 협력의 여건이 성공적으로 조성된다면 유라시아의 남쪽과 서쪽에서 발생한 분쟁이 더는 북쪽으로 옮겨가지 않도록 하면서, 북극은 세계의 협력 지역 중 하나가 될 수 있을 것이다. 러시아의 입장에서 바라보는 이러한 협력관계의 주요 내용은 다음과 같다.

* 법치의 강화

러시아와 미국은 북극에서 법규범 준수에 대한 모범을 보여야 한다. 나아가 러시아와 미국은 북극의 해상경계에 대한 합의를 비준해야 하며, 미국은 UN 해양법협약에 가입하여야 한다. 해양법협약에 대한 일치된 이해와 준수는 북극해 연안 국가들로 하여금 논쟁적인 문제들을 해결하고, 북극 영토관리의 규범을 확립하는 데에 밑바탕이 될 것이다. 또한, 이러한 협약은 추후 북극해의 통과, 자원개발, 과학적 연구수행에 관심을 지닌 다른 나라에도 적용되어야 할 것이다.

* 북극 활동과 정책에 대한 관리 및 감독

북극위원회는 북극에 대한 정책을 심의하기 위한 주요 포럼으로 간주되어야 한다. 예를 들어 국제해양기구의 북극 선박건조법에 대한 협상과 같이 특정한 행위가 다른 기구에서 일어나더라도 북극위원회는 감독기구로서의 역할을 할 필요가 있다.

* 군사 협력과 긴급 상황 조치

자연재해나 인재에 대한 방재행위에서 모든 북극해 연안 국가의 효율성을 높일 필요가 있다. 각 국가가 모든 종류의 선박, 항공기, 위성 및 관측소, 그리고 구조 장비를 보유할 필요는 없다. 보유 장비, 공동기획, 업무준비에 대한 정보를 교류하고 상호지원과 협력을 강구한다면, 그것은 모든 북극권 국가에게 이득이 될 것이다.

* 해상 안전 및 행동의 통일

러시아와 미국 중심의 북극해 연안 국가는 해상의 긴급 상황에 대비할 필요가 있다. 예를 들어 선박의 손상이나 기름 유출을 포함하여 수색 및 구조 작업으로부터 거대한 재해까지 대비하여야 한다. 국제해양기구에 속한 북극해 국가는 선박구조를 동일하게 하거나, 때로는 북극횡단 선박의 운항규범을 단일하게 제정할 수 있다. 또한, 지역마다 어로행위의 협력을 통해 지속 가능한 어업을 보장하고 어획량을 조절할 수 있을 것이다. 베링해협에서 해상교통을 분담하고 모니터하는 데에 대한 러시아와 미국 간의 협약은 북극항로의 안전을 보장하는 중요한 초석이 되고 있다.

* 정보의 교환

해상의 안보를 유지하고 자원을 관리할 필요가 있다. 인간의 활동, 해양, 바다의 얼음층과 기후에 관한 정확하고 신속한 정보를 수집, 분석, 공개하면서 서로 협력하여 해양생태계를 보호할 필요가 있다. 선박과 항공기에 대한 공동의 관리와 추적, 그리고 소속 확인제도(특히 북극외 국가들에 대하여) 등은 현재 북극의 관리수단이 마땅치 않은 실정임을 감안할 때 이에 대한 효율성을 최대로 높일 수 있는 적절한 조치들이다.

* 북극에 대한 과학적 연구

모든 이해 당사자들과 함께 연구를 수행하고, 그 연구결과를 교환하는 것은 누구에게나 환영받을 일이다. 해안국들은 상호협력하고 데이터를 교환하면서 그들의 배타적 경제수역 내에서 타국이 과학적 연구의 실험과 절차를 용이하게 진행할 수 있도록 보장해야 한다. 여러 주체가 참여하고 훌륭한 성과를 보이는 극지 연구프로그램들은 국가 수준의 지원을 받을 필요가 있으며, 그러한 연구들이 안보나 산업 비밀을 제외한 모든 통계 및 자료에 자유롭게 접근할 수 있도록 보장하여야 한다.

* 북극외 국가들의 북극에 관한 관심

북극에 흥미를 느끼는 모든 당사자가 함께 모여 의견을 나눌 수 있어야 한다. 북극외 국가들도 이익을 취할 수 있으며, 그들도 북극 바다를 항해할 수 있는 권리를 가질 수 있다. 동시에 북극 지역 주변 원주민이 자신의 문화를 보존하고 발전시킬 수 있도록 지원할 필요가 있으며, 그들의 전통수렵, 무역 및 경제활동, 특히 북극의 온난화로 가능하게 된 새로운 것들에 대해서도 보장하여야 한다. 모든 사람이 자신의 이해와 근본적으로 관련된 것이라면 북극에서 일어나는 모든 활동과 조치에 참여할 권리를 가질 수 있다.

[그림 88] 해양강국 러시아[383)]

과거 러시아의 봉쇄 전략은 이제 사라졌다. 21세기에 러시아의 새로운 지정학적 비전은 대륙의 고립된 국가로서가 아니라, 북극해 연안과 그 일대의 거대한 광물 매장 지역에서 자원을 획득하는 여러 해양 강국 중 한 국가로서 자신의 위치를 확립하는 것이다. 아마도 21세기 중반쯤 북해 항로는 정기적인 운송 경로가 될 것이다. 처음에는 계절에 따라 쇄빙선이 필요하겠지만, 점차 기후조건의 변화에 따라 운항기간이 확대된 정기선이 다닐 수 있게 될 것이다.

21세기 북극에 대한 러시아의 전망은 처음에는 북쪽 지역에 한정되겠지만, 그 후 점차 범위가 확대되어 물자를 싣고 바다를 통해 세계 도처를 오고가는 해양 강국으로 발돋움하는 것이다.

이와 같이 이제 러시아의 북극은 세계의 새로운 열린 공간이 되었다. 여기에서 네네츠 자치구의 역할은 매우 중요하다. 마침 2011년 8월 6일 북극 탐험과 러시아 북방의 안정적인 인프라 구축을 주제로 러시아연방 안전보장이사회가 네네츠 자치구 나리얀-마르 시에서 열렸다. 여기에서 이고리 표도로프(Игорь Федоров) 구지사는 북극에서 국가가 지정학적 이익을 위해 든든한 기초를 마련하고자 한다면, 네네츠 자치구의 교통 및 환경 문제를 필히 해결할 필요가 있다고 제안하였다. 특히 북극 항해의 통로이자 러시아 내륙을 잇는 거점으로서 암데르마 항구(порт Амдерма)를 거론하였는바, 그는 항구 및 철도의 건설과 각종 인프라 구축, 그리고 환경 보존의 과제들도 함께 해결할 필요가 있다고 언급하였다. 이러한 문제들이 해결되다면, 네네츠 자치구는 북극 발전의 확고한 교두보가 될 것이라고 구지사는 강조하였다.[384)]

북극의 별

네네츠

IX

결론: 네네츠 자치구의 미래

네네츠인은 툰드라 지대에서 자연경제를 유지하며 수 세기 동안 러시아 제정의 지배를 받았고, 20세기에 들어와서 소비에트 체제에 의해 급속한 사회주의적 근대화 과정을 겪었다. 이 과정에서 네네츠 자치구는 국가체계로 편입되었으며, 네네츠인은 러시아인을 중심으로 외부로부터 온 이주민과 함께 정착 생활을 하게 되었다. 그런데 최근 시장 개혁기에는 석유 생산업의 급속한 발전으로 엄청난 사회·경제적 격동의 바람 앞에 다시 서게 되었다.

네네츠 자치구는 이제 석유 생산이라는 국가의 기간산업 지역이 된 것이다. 아직도 매장되어 있는 석유 및 가스 자원이 충분하여 이곳에 대한 러시아 국내는 물론 서방 투자자의 관심은 앞으로 더 커질 것이다. 또한, 네네츠 자치구는 향후 북극해 항로가 활성화될 때 러시아의 북방과 세계를 연결하는 주요 통로가 될 수 있을 것이다. 한국으로서도 네네츠 자치구는 에너지 자원의 수입과 자본 투자 대상지로서 아주 매력적인 곳이다. 이러한 점들로 볼 때 동토의 땅 네네츠 자치구는 사실 러시아의 가장 뜨거운 지역 중 하나이다.

하지만 동시에 이 과정에서 나타나는 여러 가지 사회현상이나 문제가 염려되고 있다. 예를 들어 소수민족의 억압 및 생활 지역의 축소, 개발에 따른 환경오염, 소득증대 이면에 있는 빈부격차의 심화, 급속한 산업화에 따른 문화적 마찰, 중앙과 지방의 갈등 등 현재 러시아가 안고 있는 여러 사회문제가 이곳에서 집약적으로 나타날 것으로 예측된다.

네네츠 자치구 총생산에서 석유 생산이 차지하는 비중은 약 70%이며, 약 25%의 인구가 이 분야에 직접 종사하고 있다. 2010년 시점 주민의 월평균 소득 수준은 러시아연방에서 가장 높다. 또한, 주민은 사업과 노동 중심의 비교적 투명하고 생산적인 소득원을 지니고 있으며, 소득 중 60%를 금융자산으로 전환하고 있다. 네네츠 자치구의 최저생계비는 비싸지만, 그 이상을 훨씬 웃도는 소득 수준 때문에 주민 중 다수가 중간계층에 속한다. 하지만 최상층에 소득이 더 집중되는 현상이 계속 심화되고 있기 때문에 상대적 빈부격차는 날로 심해지는 상황이다. 게다가 여러 가지 문화적, 환경적 제약으로 주민 삶의 질을 높이는 데에는 한계가 있다.

네네츠 자치구에는 이제 고임금과 고소득이 보장되는 일자리와 사업체가 늘었지만, 오랫동안 자연 상태를 유지하며 살아왔던 네네츠인, 그리고 이곳 정착민의 운명이 어떻게 될지는 아직 누구도 알 수 없다. 네네츠 자치구 주민의 사회·경제적 변화와 특성은 사실 기존에 이미 발전된 석유 및 가스 생산지와 유사한 양상을 보이지만, 현재 그 변화 속도는 이들 지역을 앞서고 있다. 따라서 네네츠 자치구에 대한 연구는 이제 다른 유사한 지역의 미래를 예측할 수 있는 하나의 시금석이 되었다.

이 땅의 자원이 축복이 될지, 재앙이 될지는 이제 인류의 지혜에 달렸다. 34세 나이로 요절한 네네츠 작가 로베르트 빌카(Роберт Вылка)의 『별의 눈(Глаза звезд)』에 실린 내용을 조금 옮기면서 답을 궁리해 본다.

네네츠에서 쳐다보는 별은 훨씬 크고 가깝다.
밤하늘의 별을 보면 마음이 설레고 가슴이 미어진다.
별은 살아있는 눈처럼, 여신의 눈처럼 우리를 내려본다.
그들은 거짓을 말하지 않으며 인간보다 현명하다.
우리는 넘어지지 않으려고 항상 아래를 보며 걷는 습관이 있다.
하지만 은하수, 안드로메다, 카시오페이아는 우리 머리 위에 있다.
짙은 밤하늘을 보면 수십억 개의 별이 우리 눈으로 쏟아져 내린다.
고개를 들어 아이들에게, 안절부절못하는 우리 현실이 아니라,
영원한 삶의 지혜를 보이라.

북극의 별

네네츠

나리얀-마르 여행기

1. 여행 전야

필자가 동토의 땅 네네츠 자치구 수도 나리얀-마르 시를 방문한 것은 2010년 여름이었다. 최근 몇 년간 네네츠 자치구 1인당 평균소득이 급속히 높아져 러시아연방 83개 주체 중 1위를 차지한 사실이 평소 눈길을 끌었다. 그동안 평균소득이 높은 지역으로 모스크바 시를 비롯하여 야말-네네츠 자치구나 한티-만시 자치구 등을 대표적으로 꼽을 수 있었다. 그런데 몇 년 사이에 네네츠 자치구가 치고 올라가 당당히 1위를 차지한 것이다.

모스크바 시는 정치·경제 중심지에다가 국제 도시로서, 이미 소비에트 시대부터 온갖 권력자와 고위 경영자들이 그곳에 발을 딛고 서 있었으며, 이제는 소비 물가수준이 세계 최고에 달한다는 명성에 걸맞게 돈을 펑펑 써대는 부호들과, 또 나름대로 탄탄한 기반을 가진 중산층이 집결한 곳이다. 1990년대 모스크바에서 유학생활을 했던 필자는 그 이후로도 1~2년에 한 번꼴로 모스크바를 방문하여 화려하게 변신하는 도시를 보며 그들의 소득 수준과 생활상을 엿볼 수 있었다.

그런데 우랄산맥에 있는 야말-네네츠 자치구나 한티-만시 자치구는 어떤가! 처음에는 발음하기도 어려웠던 이 지역의 주민 생활상은 선뜻 머리에 떠오르지 않았다. 안정적인 주거환경이나 문화공간이 제대로 없는 상태에서 힘든 중노동을 하는 이곳 노동자들은 소련시대부터 고임금을 받았다. 그리고 2000년대 러시아 경제발전을 주도한 석유 및 가스 생산업이 이곳에서 활발히 일어났기 때문에 역시 기업인이나 노동자나 돈벌 기회는 많이 있었을 것이다. 하지만 그들이 번 돈을 어떻게 쓰는지, 모스크바 시민처럼 화려하게 살고 있는지, 아니면 따지고 보니 대다수 노동자는 헐벗었지만, 일부 부유층의 소득이 극대화되어 1인당 평균소득이 높게 나타난 것인지 속사정을 잘 알 수 없었다.

통계자료를 통해서나 알던 네네츠 자치구는 처음에 그 위치가 어디인지 정확히 알지도 못했다. 수도인 나리얀-마르는 모스크바에서 북동쪽으로 약 1,500km 떨어져 있고 북극해의 일부인 바렌츠 해에 접해 있다. 러시아 지도를 펼치고 대충 눈으로 재보면 마치 모스크바 근교처럼 보이는데, 사실 따지고 보면 서울을 기준으로 했을 때 중국이나 일본 중에서도 꽤 먼 지방으로 날아가야 도달할 수 있는 거리에 네네츠 자치구는 있었다.

혹시 모스크바에서 기차나 자동차를 타고 갈 수 없을까? 10여 년 전인 2000년에 한·러 수교 10주년을 기념하여 블라디보스토크에서 모스크바까지 시베리아 횡단 열차를 타고 16박 17일 간 여행했던 추억이 떠올랐다. 이번에는 한·러 수교 20주년을 자축하며 모스크바발 네네츠행 열차를 한번 타볼까? 그런데 이런 낭만적인 생각은 이내 접어야 했다. 아무리 인터넷을 뒤져봐도 기차 편을 발견할 수 없었고, 구글어스에서 여기저기 줌으로 당겨 봐도 그럴듯한 도로나 철도가 눈에 들어오지 않았다. 그래도 미련이 남아 지인을 통해 러시아인에게 물어본 결과 돌아온 대답은 '그곳에는 길이 없다.'라는 말이었다. 마치 몇 차례 허공에 울려 퍼지다 사라지는 메아리처럼 그 말이 들려 왔다. 길이 없다면 그곳 사람들은 도대체 어떻게 다닌단 말인가?

막연한 불안감이 일기 시작했다. 지인들을 통해 혹시 그곳에 연고자가 있는지, 어려움에 처했을 때 도움을 요청할 만한 사람을 소개해줄 수는 있는지 수소문해봤지만 돌아온 대답은 허망했다. 러시아인도 네네츠 자치구가 어디 있는지 잘 모르는 사람이 많았다. 그곳에 아는 사람이 별로 없고 도대체 거기는 왜 가냐는 반문만이 돌아올 뿐이었다. 내가 괜한 일을 벌인 것일까? 하지만 인제 와서 그만둘 수는 없었다. 모스크바행 비행기를 예약한 여행사를 통해 모스크바에서 나리얀-마르 시로 떠나는 비행기를 다시 예약했다. 호텔은 직접 인터넷을 통해 예약했다. 호텔비가 꽤 비쌌다. 웬만한 호텔 싼 방이 적어도 15만 원 선이었고 비싼 방은 100만 원이 넘었다. 겨우 10만 원 정도의 방을 발견할 수 있었다. 러시아 중심부에서 벗어나 오지로 갈수록 최저생계비가 비싸다. 물가가 이처럼 비싸다는 것은 통계자료로 알고 있었는데, 그것을 이제 직접 체험하게 된 것이다.

2. 모스크바에서

8월 13일 금요일 아침 인천공항을 떠나 저녁 무렵 모스크바에 도착하였다. 18일 오전에 네네츠 자치구로 입성할 예정이기 때문에 5박 6일은 모스크바에서 보내고, 나리얀-마르 시에서는 2박 3일을 지낼 것이다. 여느 해와 달리 이번 러시아행은 자욱한 안갯속을 헤치고 나가는 기분이다. 때마침 도시 주변의 산불 연기로 뿌예진 모스크바가 필자의 마음을 읽고 있는지 오버랩되며 자욱한 모습을 드러냈다. 푸틴이 헬기를 직

[그림 89] 뿌연 모스크바와 한산한 도로의 광경[385)]

접 몰고 물을 뿌리자 불길이 잡히기 시작했다는데, 그래서 불이 꺼진 것인지 아니면 어차피 꺼질 때쯤 가서 물을 한번 끼얹은 것인지 모호하지만, 어쨌든 '마초남' 이미지를 사람들에게 한 번 더 각인시키는 데에는 성공했으리라.

1990년대 어느 때부터인가 모스크바 중심지는 만성적인 교통체증에 시달려 왔다. 2000년대 모스크바를 수차례 방문할 때도 몇 번이고 후회했던 것이 깜박 잊고 택시를 집어탔다가 도로 위에 길게 늘어선 자동차들 사이에 끼어 하염없이 시간을 보냈던 일이다. 그래서 이제 웬만해서는 전철을 타지 택시를 타지 않는다. 그런데 올해 내가 방문한 시점에 모스크바 중심지 도로가 거의 텅 빈 것을 발견하고 놀랐다. 이유인즉슨 불어 닥친 산불 연기를 피해 대다수 모스크바 시민이 주변으로 빠져나갔다는 것이다. 게다가 온도가 거의 30도에 육박할 정도로 더웠다. 충분히 엑서더스가 일어날 만했다.

모스크바 체류 일정을 넉넉하게 잡은 이유 중 하나는 다른 업무도 있었지만 나리얀-마르 현지 방문 전에 도움이 될 만한 여러 자료를 얻고자 함이었다. 도착한 날이 금요일이었고, 주말까지 일단 책방을 돌며 자료를 찾아보았다. 모스크바 대형 서점들인 '글로부스'부터 '모스크바' 책방까지 돌며 구내 컴퓨터로 검색을 해보았는데, 이런, 네네츠 자치구와 관련된 자료가 하나도 없다. 한국에서도 인터넷으로 검색하여 찾아낸 것이 네네츠 자치구 정부 공식 홈페이지에 소개된 지역개관 정도가 다였는데, 그것이 정말 끝인가? '돔 크니기'에 가서 겨우 두 종의 지도를 얻을 수 있었다. 이건 정말 속된 말로 맨땅에 헤딩하기다. 나리얀-마르 현지에 가면 뭔가 더 자료를 얻을 수 있을 거라고 속으로 타이르며 꺼지려 하는 전의의 불씨를 다시 살리려 애썼다.

월요일에는 나리얀-마르 시에서 묵을 호텔의 인터넷 예약을 확인하기 위해 모스크바에 있는 지점으로 달려갔다. 지방 호텔 대부분이 모스크바에 있는 대행사를 통해 예약을 처리하거나 홍보를 하는 듯했다. 이틀간의 숙박비와 예약비를 전부 지불하라고 한다. 무심코 지불하려다 생각해보니 25,000원 정도의 예약비를 따로 더 지불하는 것이 이상했다. 내가 아예 호텔 숙박비 전액을 지금 다 지불하는데 왜 예약비를 또 내야 하는가? 숙박비 전액 지불이야말로 가장 확실한 예약 아닌가? 오히려 할인을 받아야 할 것 같은데, 답변은 이러했다. 호텔방을 확실히 보장해

[그림 90] 나리얀-마르 시의 공항 터미널[386)]

주니까 그 수수료를 내야 한다는 것이다. 예약비를 내기 싫다면 여기서 숙박비도 내지 말고 현지에 가서 직접 돈을 지불하고 방을 구하라고 한다. 지금은 비수기가 시작되었으니 아마 남는 방이 있을 것이란다. 흠, 잠시 고민. 결국, 연고자 하나 없는 곳에서 모험하느니 확실하게 여기서 방을 보장받아야겠다는 생각에 예약비를 더 낼 수밖에 없었다.

유학 시절에도 이와 유사한 경험을 한 적이 있다. 시장에서 물건을 사는데 더 많이 사면 살수록 물건값을 더 비싸게 받는 것이다. 깎아주면 깎아주었지 왜 더 비싸게 팔지? 그것은 바로 그들이 오랫동안 겪은 사회주의 경제 시스템으로부터 비롯된 마인드였다. 즉, 정해진 공급량에서 더 많은 몫의 상품을 독차지하려면 더 비싼 값을 치르라는 것이다. 자본주의 시장경제하에서는 경쟁적으로 상품이 무한정 생산되면서 공급과잉 상태가 발생하곤 하는데, 이러한 상황에서 물건을 많이 사주면 사줄수록 판매자 입장에서는 고마운 일이니까 당연히 구매자에게 할인을 해주기 마련이다. 사회주의 이전에도 러시아의 오랜 역사에서 상품과 필요한 물자가 풍족했던 때가 별로 없었기 때문에 남보다 물건을 더 많이, 빨리, 그리고 확실히 얻으려면 더 비싼 값을 치러야 한다는 생각이 이들 생활 속에 자리 잡혀 있는 것이다.

월요일과 화요일, 알고 있던 연구자들을 만나보았지만, 네네츠 자치구와 수도인 나리얀-마르에 대해 그리 많은 정보를 얻지 못했다. 도서관에 가면 아마도 문헌이나 자료들이 있을 것이라 하지만, 며칠 동안 책방에서 구입한 다른 서적들을 우체국에서 한국으로 보내랴, 오랜만에 아는 사람들을 만나보랴, 그러다 보니 도서관에서 차분히 정보를 검색하고 또 복사할 엄두가 나지 않았다. 레닌 도서관에서 자료를 복사하는 것은 오래 줄을 서 있어야 하거나, 당일 복사물을 받지 못할 때도 많았기 때문이다. 결국, 현지로 무작정 갈 수밖에 없나 보다.

3. 나리얀-마르 첫째 날

수요일 아침 일찍 모스크바 셰레메티예보 국제공항 D 터미널에서 나리얀-마르행 비행기를 탔다. 약 120석 정도로 중간 규모의 보잉기였지만 러시아 국내선은 탈 때마다 항상 긴장이 된다. 약 2시간 반 걸려서 도착한 그곳, 착륙하는 비행기에서 내려다보니 사진으로만 보았던 군데군데 구멍이 뻥 뚫린 땅의 모습이 눈에 들어왔다. 늪지나 호수, 강과 지류가 많아 그렇게 보이는 것이다. 공항 터미널은 딱 우리나라 지방에서 볼 수 있는 작은 버스터미널 정도의 규모였다. 찬기가 바로 느껴졌다. 모스크바 온도는 30도에 육박했지만, 여기 온도는 아침과 밤에는 2~5도, 낮에는 10도 남짓이었다. 여름에서 초겨울로 순간 이동한 기분이었다. 비행기에서 내리기 전 승객들은 익숙한 듯 잠바나 모자를 꺼내 이미 무장한 상태였다.

[그림 91] 나리얀-마르 시의 페초라 호텔[387)]

비가 추적추적 내렸는데, 여기에 체류한 2박 3일 내내 비가 오락가락했다. 소련시절에 생산됐음직한 낡은 버스를 약 20분 정도 타고 달려 호텔에 도착했다. 길에는 마치 바닷가 주변이라도 되듯 모래가 많이 흩어져 있었는데, 나중에 알고 보니 이 지역은 중요한 모래 산지 중 하나였다. 약 10명 정도가 함께 버스에서 내렸는데, 전부 내가 묵으려고 했던 페초라 호텔로 몰려갔다. 이곳이 대단한 관광지는 아니지만, 남쪽에 있는 코미 공화국과 네네츠 자치구를 잇는 관광코스가 개발되어 있다. 밖에서 본 호텔 모습은 창고 같았다. 다행히 내부는 수리해서 깔끔하게 꾸며놓았다. 옆에 있는 호텔은 훨씬 근사하고 규모도 커 보였는데, 재정상 내가 묵을 처지가 못 되었다.

일단 가져간 내복부터 껴입고 도시 구경에 나섰다. 여느 러시아 도시에서도 흔히 있는 이름인 레닌 거리를 따라 도시의 중심부인 레닌 광장 쪽으로 조금 걸어가자 조그만 책방이 하나 나타났다. 여기에서 관광지도

[그림 92] 나리얀-마르 시의 성모현현 사원[388)]

를 샀는데, 여기저기 소개가 잘 되어 있다. 지도에 의지하여 도시를 돌아보았는데, 체력만 뒷받침해주면 7~8시간 여기저기 돌아보며 구경할 수 있을 크기였다. 네네츠 자치구 전체 인구는 42,000명에 불과하고 그중 거의 절반 정도인 19,400명이 이곳에 살고 있다. 수도이지만 규모는 소도시나 다름없다. '북극의 수도 – 나리얀-마르'라는 문구가 거리 곳곳에서 눈에 띄었다. 나리얀-마르는 네네츠어로 붉은 도시를 뜻한다.

레닌 광장에 다다르자 바로 사원이 눈에 들어왔다. 그 순간 종루에서 종소리가 나기 시작했고, 그 소리에 이끌려 발걸음이 빨라졌다. 춤추듯 종 치는 종지기의 모습은 과거에도 모스크바 근교의 고도인 수즈달에서 본 적이 있는데 언제 보아도 신기했다. 여러 개의 종을 몇 가닥으로 이어진 줄들을 당겼다 풀었다 흔들면서 마치 연주하듯 종소리를 냈다. 종지기가 종을 다 울리고 종루에서 내려와 성호를 그으며 사원으로 들어갔고, 나도 최면에 걸린 듯 이끌려 들어갔다.

약 40~50명의 신도가 사원 안에 모여 있었고 예배가 시작되려는 참이었다. 과거에 혼례식 장면은 본 적이 있지만, 예배는 처음 본다. 정교 신자는 아니지만, 개신교도인 나도 넓게 보면 같은 기독교인이라 생각하며 반은 관망하듯, 반은 예배를 드리듯 서서 참여하였다. 남자는 부자 사이로 보이는 두 사람과 내가 전부였고, 나머지는 모두 아주머니와 할머니였다. 오후 5시경에 시작된 예배는 6시 30분이 되어서야 끝나갔다. 마지막으로 신자들이 사제 앞으로 차례차례 나가는 순서가 있었는데, 남자들이 먼저 나서야 한다고 아주머니들이 내 등을 떠밀었다. 나는 결국 두 남자 뒤로 엉겁결에 밀려 나가게 되었고, 사제가 나의 이마에 십자가 모양으로 기름(아마도 올리브유)을 발라주었다. 그리고 빵 조각을 하나 받아먹었다. 나도 그들과 하나가 된 듯한 느낌이었다. 에밀 뒤르켐이 말한 종교의 본질 중 하나가 바로 종교 의식인데, 이를 통해 신도들의 결속력이 강화된다는 그 의미를 몸소 체험한 셈이다. 이 예식은 사실 다음 날 있을 중요한 교회 행사인 '그리스도 변용제'의 전야제처럼 치러지는 것이었다. 오늘은 이것으로 끝내고 일단 호텔로 철수하였다. 내일을 위해 작전도 짜야 했고, 또 배도 고팠다.

4. 나리얀-마르 둘째 날

다음 날 아침 일찍 호텔을 나섰다. 추웠다. 혹시 살얼음이라도 언 것은 아닌지, 길에 고여 있는 작은 물웅덩이를 발끝으로 톡톡 두드려 보았는데 언 상태는 아니었다. 하지만 그럴 정도로 마음이 추웠다. 10시부터 시작되는 '그리스도 변용제'가 열리는 사원으로 일단 향했다. 현지 방송국에서 나와 촬영을 하였다. 제단 위에는 신도들이 가져다 놓은 갖가지 과일들이 가지런하게 정돈돼 있었다. 그런데 오늘 돌아다녀야 할 일정이 빠듯하여 오래 머물러 있을 수는 없기에 촬영기사 옆에서 슬쩍 사진 몇 장 찍고 나왔다.

교회를 나와 '문화의 집'에 있는 전시관으로 향했다. 전시관 한쪽에는 네네츠인의 유목생활이 소개되어 있고, 또 한쪽에는 최근 급성장한 석유산업에 대해 자세한 설명이 되어 있는 패널과 사진이 전시되어 있었다. 이것들은 사실 최근에 급속도로 변화하고 있는 네네츠 자치구의 현

[그림 93] 나리얀-마르 시의 신축 아파트와 구 가옥[389)]

황을, 그리고 전통과 현대가 뒤섞여 있는 모습 그대로를 보여주는 것이었다.

전시관을 나오자 바로 길 건너편에 거대 석유회사인 루코일 지부의 웅장한 건물이 눈에 들어왔다. 그리고 그 옆에 새로 지어진 최신식 아파트와 상가 건물들이 건너편의 낡은 목조 건물들과 대비되어 줄지어 서 있다. 석유생산업 덕분에 일어난 경제성장과 함께 최근 3~4년 전부터는 건설업 붐이 일기 시작한 것이다.

'문화의 집' 모퉁이를 돌아 지도에 나와 있는 작은 전시박물관센터를 찾았다. 지도의 사진으로 볼 때는 그럴듯했는데, 막상 가보니 작은 2층짜리 낡은 목조 건물이었다. 입구에 지키는 사람도 없고, 1층 내부를 혼자 구경하고 2층 계단을 올라 작은 작업장 같은 곳을 들어가자 한 아가씨가 재봉틀을 돌리고 있었다. 네네츠 토박이 여자였다. 얼굴은 네네츠 사람인데 머리는 노랗게 물들였다. 재봉틀을 멈추고 '도와드릴까요?' 하고 내게 말을 건넨다. 이 여성이 박물관 관리자였다. 자신이 관리도 하고 또 민속품도 여기서 직접 만들어 팔기도 한단다. 순록이나 여러 동물의 가죽이나 털로 네네츠 전통 민속품이나 장난감을 만들고 있었다. 내

[그림 94] 네네츠 여성과 함께[390)]

가 한국에서 왔다고 하니 멀리서 왔다고 놀란다. 마침 들어온 그녀의 친구가 기념사진을 찍어 줬는데, 본인도 한국에서 온 내가 신기한지 자신의 카메라로 나와 함께 사진을 찍기도 했다. 민속 의상을 입은 네네츠인이 가방에서 디지털카메라를 꺼내는 걸 보니 전통과 현대가 어우러져 기묘하다.

한국에서 모스크바로 떠나기 전에 네네츠 자치구 정부 대외관계부 부장과 만남을 약속했었는데, 나리얀-마르 시에 도착하여 어제부터 몇 차례 전화했지만 통화 중이거나 전화를 받지 않았다. 내일이면 떠날 것이라서 이제 더는 지체할 수 없었다. 그래서 그냥 정부 건물로 무작정 찾아갔다. 입구의 경비실에서 구내전화로 통화가 되었다. 다행히 약속을 기억하고 반갑게 환대해준다. 좀 바빠서 통화연결이 잘 안 되었나 보다고 한다. 그 분위기로 봐서 시간을 많이 뺏을 수는 없을 것 같았다. 약 30분간 미리 준비해 두었던 중요 질문들을 던졌다. 대체로 네네츠 자치구의 사회·경제적 변화에 관한 내용이었다.

그는 일단 네네츠 자치구의 경제발전상에 대해 자랑스럽게 이야기했다. 지역 총생산량이 최근 급증했는데, 이것은 무엇보다도 석유생산 덕분이었다. 주민의 소득도 늘었는데, 특히 관료들은 월평균 100,000루블(약 400만 원), 석유·가스 회사의 고위직 전문가들은 130,000루블(약 520만 원)을 받기도 한단다. 노동자 중에는 이주민이 많은데, 우크라이나, 타타르스탄 공화국, 그리고 주변의 아르한겔스크 주, 코미 공화국에서도 유입되고 있다. 이들은 교대조로 나누어 근무하고 짧은 시간 돈을 벌고 바로 떠난다. 네네츠 자치구 주민은 석유업에 종사하기도 하지만, 그 외에도 회계, 공공사업, 운송, 통신, 의료, 치안, 교육 등의 업무를 담당한다. 역시 이곳에 자동차도로는 제대로 닦여 있지 않다. 강과 늪지가 많아 도로를 건설하기 어렵기 때문이다. 그런데 겨울에 이곳이 얼면 차를 타고 다니는 길이 생긴다고 한다. 꼭 필요한 경우에는 헬기가 주로 이용된다. 요즘에는 강물이 줄어 배를 띄우기 어렵다. 환경이 파괴된 것이냐는 물음에는 잘 모르겠다고 답한다. 소득은 높지만, 물가가 비싸고 또 살만한 물건이 많이 있지도 않다. 당연히 과일, 채소 가격이 높고 삶의 질이나 만족도는 낮을 수밖에 없다. 이곳 생활상에 대한 여러 가지 의문이 어느 정도 해소되었다.

5. 나리얀-마르를 떠나며

8월 20일 네네츠를 떠나는 날 오전에는 근교 소도시 이스카텔레이를 방문했다. 버스로 약 30분 거리였다. 여기도 역시 곳곳에 신축 중인 건물이 눈에 띄었다. 이곳에서 탁 트인 페초라 강 언저리를 걸을 수 있었다. 인적이 없어 혼자 휘젓고 다녔다. 차가운 강물에 손도 담가보고 조

[그림 95] 네네츠 소년과 순록[391)]

약돌도 하나 집어 기념으로 호주머니에 넣어 두었다. 그제야 내가 이곳에 왔다 간다는 사실이 실감 난다. 강가 언덕에는 작은 오두막 바냐(사우나)들이 몇 채 서 있다. 지금은 자물쇠로 굳게 잠겨 있어 한동안 사용하지 않은 듯했다. 주변에 모래사장이 펼쳐 있는데, 유리병 조각이 여기저기 흩어져 있어 맨발로 걷기에는 위험해 보였다. 한여름 밤 여기에서 있었을 광란의 파티가 눈에 보이는 것 같다. 누군가는 이 오두막에서 흠뻑 땀을 낸 다음, 모래사장에서 모닥불도 피우고 보드카도 한잔했으리라.

페초라 강을 뒤로하고 모스크바행 비행기를 탔다. 이제 다시 여름이다. 모스크바에 도착하여 바로 비행기를 갈아타고 한국으로 출발했다. 비행기 안에서 눈을 감고 지난 며칠을 생각하니 정말 한여름 밤의 꿈을 꾼 것 같다. 그 속에 저 멀리 큰 뿔을 머리에 이고 있는 한 마리 순록이 보인다. 가까이 다가가 살펴보니 하늘을 쳐다보는 순록의 눈망울에 빠른 속도로 날아가는 헬리콥터 잔영이 흐른다.

참고문헌

- 권세은 외. 『북서연방지구』. 서울: 경희대학교출판국, 2006.
- 최우익. "러시아 중간계층의 지역별 분포와 양상." 『슬라브학보』, 제23권 3호. 서울: 한국슬라브학회, 2008.
- 최우익. "소비에트 시대의 인구변천과 러시아 연방관구별 인구 변화." 『슬라브연구』, 제26권 2호. 서울: 한국외국어대학교 러시아연구소, 2010.
- 최우익. "러시아의 인구감소와 국제이주민의 유입 –인적자원 문제와 관련하여–." 『동북아문화연구』, 제26집. 부산: 동북아시아문화학회, 2011.
- 최우익. "네네츠 자치구 주민의 사회경제적 변화와 특성: 시장 개혁기 석유생산업의 발전과 관련하여." 러시아연구, 제21권 제1호. 서울: 서울대학교 러시아연구소, 2011.
- "따뜻해진 북극, 한파 또 부른다." 「한겨레신문」, 2012년 2월 13일(월), 10면.
- Администрация Ненецкого автономного округа. *Стратегия социально-экономического развития Ненецкого автономного округа на перспективу до 2030 года 2008-2009.* Нарьян-Мар & Санкт-

Петербург, 2008-2009.

- Бартенев, В. *На крайнем северо-западе Сибири. Очерки Обдорского края*. СПб., 1896.
- Беляева, Л. А. "Социальная стратификация и бедность в регионах России." *СОЦИС*, № 9 (2006).
- Богоявленский, Д. Д. "Вымирают ли народы севера?" *СОЦИС*, № 8 (2005).
- Васильев, В. И. *Проблемы формирования северосамодийских народностей*. М., 1979.
- Вербов, Г. Д. "Лесные ненцы." *СЭ*, № 2 (1936).
- Гейденрейх, Л. Н. "Канинские самоеды." *СС*. № 4-5 (1930).
- Глушкова, В. Г., Винокуров, А. А. *Введение в экономическую географию и региональную экономику России*. Москва: Издательство ВЛАДОС-ПРЕСС, 2003.
- Головнев, А. В. *Историческая типология хозяйства народов Северо-Западной Сибири*. Новосибирск, 1993.
- Головнев, А. В. *Говорящие культуры: традиции самодийцев и угров*. Екатеринбург, 1995.
- Голубицкая, М. В., Санин, И. И. *Социально-экономическое положение регионов России*. Москва: Издательство ≪Сатурн-С≫, 2001.
- Долгих, Б. О. *Очерки по этнической истории ненцев и энцев*. М., Л., 1970.
- Долгих, Т. Б. "Традиционное жилище лесных ненцев бассейна р. Пур." *СЭ*. №4 (1971).
- Ёсида, Ацуси. *Культура питания Гыданских ненцев (интерпретация и социальная адаптация)*. М., 1997.

- Житков, Б. М. *Полуостров Ямал*. Зап. ИРГО по общ. геогр. СПб., 1913. Т.49.
- Зубаревич, Н. В. *Социальное развитие регионов: Проблемы и тенденции переходного периода*. Москва: Книжный дом ≪ЛИБРОКДОМ≫, 2003.
- Зуев, В. Ф. "Описание живущих в Сибирской губернии в Березовском уезде иноверческих народов остяков и самоедов." *Материалы по этнографии Сибири XVIII в.*. ТИЭ. 1947. Т. 5.
- ИСЭПН(Институт социально-экономических проблем народнонаселения РАН). *Россия в глобализируюшемся мире: социальные аспекты*. Москва: ИСЭПН РАН, 2006.
- Иславин, В. *Самоеды в домашнем и общественном быту*. СПб., 1847.
- Керцелли, С. В. *По Большеземельской тундре с кочевниками*. Архангельск, 1911.
- Климанов, В. В. *Региональное развитие и экономическая самостоятельность*. Москва: Эдиториал УРСС, 2000.
- Климанов, В. В. *Региональные системы и региональное развитие в России*. Москва: Эдиториал УРСС, 2003.
- Коловангина, М. М. "Ненецкий округ: первое десятилетие." *Особенности социально-экономического и культурного развития в 30-е годы 20 века*. Нарьян-Мар: ООО РПК ≪Орел медиа≫, 2009.
- Коловангина, М. М. "К вопросу об индустриальном строительстве в Ненецком округе в 30-е годы 20 века." *Арктические перспективы 21 век*. Нарьян-Мар: Издательский дом ≪Нарьян-Мар≫, 2010.
- Колычева, Е. И. "Ненцы Европейской России в конце XVII-начале

XVIII в..” *СЭ*, № 2 (1956).

- Кушелевский, Ю. И. *Северный полюс и земля Ямал*. СПб., 1868.
- Лар, Л. А. “Ямал Хэбидя я" — священные места на Ямале.” *Вестник археологии, антропологии и этнографии*, № 4 (2004).
- Ледков, В. “Боль земли родной.” *Народов малых не бывает*. Москва, 1991.
- Медведева, Г. Б. “Включение территорий крайнего севера в общую систему государственного устройства СССР-РФ. 1929-2000-е гг(на материалах Ненецкого округа).” *Арктические перспективы 21 век*. Нарьян-Мар: Издательский дом ≪Нарьян-Мар≫, 2010.
- Морзовая, Т. Г. *Экономическая география России*. Москва: ЮНИТИ-ДАНА, 2002.
- *Народы и религии мира. Энциклопедия*. Москва, 2000.
- *Нярьяна вындер*, 7 августа, 1991.
- *Няръяна вындер*, 29 января, 2011.
- Прокофьев, Г. “Ненецкий (юрако-самоедский) язык.” *Языки и письменность народов Севера. Ч. 1*. Москва, Ленинград, 1937.
- *План-схема г. Нарьян-Мар*. Нарьян-Мар: ООО Красный город, 2009.08.01.
- Росстат. *Демографический ежегодник России*. Москва, 2010.
- Росстат. *Регионы России. Основные характеристики субъектов Российской Федерации*. Москва, 2010.
- Росстат. *Регионы России. Социально-экономические показатели*. Москва, 2003.
- Росстат. *Регионы России. Социально-экономические показатели*. Москва, 2005.

- Росстат. *Регионы России. Социально-экономические показатели.* Москва, 2007.
- Росстат. *Регионы России. Социально-экономические показатели.* Москва, 2009.
- Росстат. *Регионы России. Социально-экономические показатели.* Москва, 2010.
- Росстат. *Регионы России. Социально-экономические показатели.* Москва, 2011.
- Росстат. *Российский статистический ежегодник.* Москва, 2009.
- Росстат. *Российский статистический ежегодник.* Москва, 2010.
- Рязанцев, И. П., Халиков, М. С. *Экономическая социология: Региональный аспект.* Москва: Академический Проект, 2005.
- Сидоров, М. К. *Социадьно-экономическая география и регионалистика России.* Москва: ИНФРА-М, 2002.
- Соколова, З. П. "Народы Севера СССР: прошлое, настоящее и будущее." *Советская этнография*, № 6 (1990).
- Терещенко, Н. М. "Ненецкий язык." *Языки народов СССР. Т. III.* Москва, 1966.
- Туйску, Туула. "Будущее северных поселков в Салле(Финляндия) и ненецком округе(Россия)." *Арктические перспективы 21 век.* Нарьян-Мар: Издательский дом ≪Нарьян-Мар≫, 2010.
- Чудар, Б. "Роковой фарватер." *Народов малых не бывает.* Москва, 1991.
- Хомич, Л. В. *Ненцы. Историко-этнографический очерк.* Москва, Ленинград, 1966.
- Хомич, Л. В. *Проблемы этногенеза и этнической истории ненцев.*

Ленинград, 1976.

- Хомич, Л. В. “Влияние христианизации на религиозные представления и культы ненцев.” *Христианство и ламаизм у коренного населения Сибири (вторая половина XIX-XX в.).* Ленинград, 1979.
- Хомич, Л. В. Ненцы. *Очерки традиционной культуры.* С.-Петербург: Русский двор, 1995.
- Хомич, Л. В. *Ненцы. Историко-этнографические очерки. М., Л, 1966, 2-е изд.* Спб., 1995.
- Andreyeva, Elena N. & Kryukov, Valery A. “The Russian model: Merging and sustainability.” *Arctic Oil and Gas: Sustainability at risk?* London and New York: Routledge, 2009.
- *Autonomous Okrugs of Russia: Chukotka Autonomous Okrug, Khanty-Mansi Autonomous Okrug, Yamalo-Nenets Autonomous Okrug, Nenets Autonomous Okrug.* Memphis, Tennessee: Books LLC, 2010.
- Forsyth, *James. A history of the peoples of Siberia: Russia's north Asian colony.* Cambridge: Cambridge University Press, 2000.
- Golovnev, Andrei V. & Osherenko, Gail. *Siberian survival: the Nenets and their story.* Ithaca and London: Cornell University Press, 1999.
- Gutman, Garik & Reissell, Anni. *Eurasian Arctic Land Cover and Land Use in a Changing Climate.* New York: Springer, 2011.
- Hovelsrud, Grete K. & Smit, Barry. *Community Adaptation and Vulnerability in Arctic Regions.* New York: Springer, 2010.
- Mikkelsen, Aslaug & Langhelle, Oluf. *Arctic Oil and Gas: Sustainability at risk?* London and New York: Routledge, 2009.
- *Nenets Autonomous Okrug: Nenets People, Vaygach Island, Pechora River, Pechora Sea, Kolguyev, Yugorsky Peninsula, Dolgy Island,*

Selkup. Memphis, Tennessee: Books LLC, 2010.
- Nenets office of the Norwegian Barents Secretariat. *Barents Monitoring. Nenets Autonomous Okrug.* 2008.
- Nenets office of the Norwegian Barents Secretariat. *Barents Monitoring. Nenets Autonomous Okrug.* January-December, 2010.
- Total. *The Nenets Autonomous District.* Moscow: Avant-Garde Publishers, 2004.
- Young, T. Kue & Bjerregaard, Peter. *Health Transitions in Arctic Populations.* Toronto: University of Toronto Press, 2008.

참고 인터넷 사이트

- "고급휘발유 L당 2219.20원 사상 최고."「dongA.com」, 2012년 2월 17일. http://economy.donga.com/0113/3/0113/20120217/44109011/4 (검색일: 2012.02.18).
- "2012년 국제 석유가스 정세 전망." http://blog.naver.com/twkim2004?Redirect=Log&logNo=70129308428 (검색일: 2012.02.18).
- "Адаптация мигрантов в НАО." http://news-city.info/novost/?p=8928 (검색일: 2012.01.27).
- "Административно-территориальное деление." http://www.adm-nao.ru/?show=statics&id=43 (검색일: 2011.07.23).
- "Административно-территориальное устройство." http://www.sdnao.ru/nao/districs/?item=2 (검색일: 2011.07.14).
- "Архангельская область и Ненецкий автономный округ." http://atlas.socpol.ru/portraits/arkh.shtml (검색일: 2012.03.16).

- "Безумов Александр Вячеславович." http://www.adm-nao.ru/?show=person&id=52 (검색일: 2012.02.22).
- "Валерий Потапенко узаконил День оленя." http://www.n-mar.ru/news/883-valerijj_potapenko_uzakonil_den_olenja.html (검색일: 2011.09.17).
- Васильев В. И. "Ненцы."(а) http://www.etnosy.ru/node/290 (검색일: 2011.09.17).
- Васильев В. И. "Ненцы."(б) http://www.hrono.ru/etnosy/etnos_n/nency.php (검색일: 2011.08.29).
- Веселов, Михаил. "Разговор с генеральным консулом." http://www.nvinder.ru/archive/2007/jun/21/05.shtml (검색일: 2011.10.20).
- "Визит генконсула Кореи." http://www.adm-nao.ru/?show=news&id=4382 (검색일: 2011.10.20).
- "Владимир Пехтин: Межпартийное сотрудничество - важный фактор развития российско-китайских связей." http://old.er.ru/er/text.shtml?10/2039 (검색일: 2012.03.01).
- "В НАО студенты из семей оленеводов получат повышенную стипендию." http://finugor.ru/node/12810 (검색일: 2011.09.17).
- "Впервые иностранные коммерческие суда прошли Северным морским путем без помощи ледоколов." http://www.polit.ru/news/2009/09/14/ (검색일: 2011.02.07).
- "ГИМН НЕНЕЦКОГО АВТОНОМНОГО ОКРУГА." http://www.adm-nao.ru/?show=statics&id=83 (검색일: 2011.07.22).
- Глухова, Алена., Каменских, Ольга. "Миграционные процессы в России." http://geo.1september.ru/articles/2010/02/08 (검색일: 2012.02.22).

- "Депутаты Ненецкого автономного округа." http://www.sdnao.ru/deputat_list/detail.php?ELEMENT_ID=2279 (검색일: 2011.07.23).
- "Депутаты окружного Собрания отозвали члена Совета Федерации Федерального Собрания РФ Алексея Пантелеева и избрали нового сенатора от заксобрания НАО." http://www.sdnao.ru/news/detail.php?ELEMENT_ID=6482&phrase_id=24173 (검색일: 2012.03.10).
- Емельянова, Наталья. "Аналитический доклад «Ненецкий автономный округ: эффективность региональной власти»." http://iri.local-group.ru/articles/analytics/index.php (검색일: 2012.03.16).
- "Жители тундры отмечают День оленя." http://www.rosbalt.ru/federal/2011/08/02/875230.html (검색일: 2012.01.27).
- Ивановский, Игорь. "Малые народы большой страны: ненцы." http://www.rosculture.ru/mosaic/item12916/ (검색일: 2011.12.23).
- "ИНОСТРАННЫЕ ИНВЕСТИЦИИ В ЭКОНОМИКУ РОССИЙСКОЙ ФЕДЕРАЦИИ." http://www.gks.ru/bgd/regl/B08_14p/IssWWW.exe/Stg/d3/24-10-2.htm (검색일: 2011.10.05).
- "Инфраструктура." http://www.adm-nao.ru/?show=statics&id=74 (검색일: 2011.07.22).
- Ханзерова, Ирина. "Ненец - значит человек." http://www.shoyna.ru/istoriya-i-geografiya/169-nenec-znachit-chelovek.html (검색일: 2011.12.23).
- Истомина, Ульяна Апполоновна. "История города Нарьян-Мара." http://www.adm-nmar.ru/istoria_goroda.html (검색일: 2010.09.15).
- "Историческая справка." http://www.adm-nao.ru/?show=statics&id=102 (검색일: 2011.02.15).
- Канева, Ольга "Память о прошлом храня...." http://www.nvinder.ru/

archive/2006/nov/18/05.shtml (검색일: 2012.03.03).

- “Комментирует Ирина ЧИРКОВА, заместитель руководителя фракции ЛДПР в областном Собрании депутатов.” http://www.ldpr29.ru/index.php?newsid=167 (검색일: 2012.03.01).
- “Корейцы снимут фильм о тундре.” http://www.finnougr.ru/news/index.php?ELEMENT_ID=2331 (검색일: 2011.09.17).
- “Коткин Сергей Николаевич.” http://www.sdnao.ru/deputat_list/detail.php?ELEMENT_ID=67 (검색일: 2012.03.10).
- “Краткая географическая и социально-экономическая характеристика Ненецкого автономного округа.” http://www.83.mchs.gov.ru/gu/?SECTION_ID=158 (검색일: 2011.09.09).
- “НАО может стать плацдармом для дальнейшего развития Арктики - Федоров.” РИА Новости, 5 августа, 2011. http://nw.ria.ru/economy/20110805/82034203.html (검색일: 2011.09.09).
- “НАО стал обладателем «Инвестиционного Ангела».” http://www.adm-nao.ru/?show=news&id=4247 (검색일: 2011.11.23).
- “Народы и традиции.” http://www.nenetskiiao.ru/nat/ (검색일: 2012.03.24).
- “Нарьян-Мар.” http://ru.wikipedia.org/wiki/Нарьян-Мар (검색일: 2011.10.12).
- “Население.” http://www.adm-nao.ru/?show=statics&id=42 (검색일: 2011.07.22).
- “Наш город.” http://www.adm-nmar.ru/nash_gorod.html (검색일: 2011.07.23).
- “Наши народы.” http://www.nickelca.ru/krai/peoples.htm (검색일: 2011.01.17).

• “Ненецкий автономный округ.”(а) http://citiesofrussia.ru/index.php/neneckiyavokrug/110-nenetskii-ao (검색일: 2011.09.09).
• “Ненецкий автономный округ.”(б) http://komionline.ru/nao (검색일: 2011.09.09).
• “Ненецкий автономный округ.”(в) http://kraeved-nao.narod.ru/page3.htm (검색일: 2011.08.01).
• “Ненецкий автономный округ.”(г) http://ru.wikipedia.org/wiki/Ненецкий_автономный_округ (검색일: 2011.01.18).
• “Ненецкий автономный округ.”(д) http://www.dvinaland.ru/region/nao/ (검색일: 2012.03.14).
• “Ненецкий автономный округ.”(е) http://www.raexpert.ru/database/regions/nenets/ (검색일: 2011.09.17).
• “Ненецкий автономный округ - лучший субъект РФ по экономическим показателям.” http://www.zaks.ru/new/archive/view/37635 (검색일: 2011.09.09).
• “Ненецкий язык.” http://ru.wikipedia.org/wiki/Ненецкий_язык (검색일: 2011.01.18).
• “Ненцы.”(а) http://finugor.ru/node/883 (검색: 2011 08 29).
• “Ненцы.”(б) http://ru.wikipedia.org/wiki/Ненцы (검색일: 2011.01.18).
• “НЕНЦЫ.”(в) http://www.nsu.ru/ip/nens.php (검색일: 2012.03.24).
• “Ненцы.”(г) http://www.rusnations.ru/etnos/nen/ (검색일: 2011.09.17).
• “Общая информация.” http://www.adm-nao.ru/?show=statics&id=38 (검색일: 2011.07.22).
• “О Ненецком округе в Сеуле.” http://www.adm-nao.ru/?show=news&id=4575 (검색일: 2011.10.20).
• “Паспорт Города.” http://www.adm-nmar.ru/pasport_goroda.html (검

색일: 2011.10.12).

- "Пехтин, Владимир." http://lenta.ru/lib/14160409/ (검색일: 2012.03.01).
- "Плановое развитие АПК." Няръяна вындер, 29 января, 2011. ttp://iaplanet.com/ekonomika/10-planovoe-razvitie-apk.html (검색일: 2011.09.09).
- Попова Г. Н. "ОБЩАЯ ХАРАКТЕРИСТИКА КОРЕННЫХ НАРОДОВ СЕВЕРА." http://www.gublibrary.ru/pub/narody/nency/narody_yamala.htm (검색일: 2011.12.25).
- "ПОСТАНОВЛЕНИЕ администрации НАО от 01.07.2008 N 105-п <ОБ УТВЕРЖДЕНИИ ПОРЯДКА ПРОВЕДЕНИЯ ТРАДИЦИОННОГО ПРАЗДНИКА 'ДЕНЬ ОЛЕНЯ'>." http://nenets.news-city.info/docs/sistemsw/dok_ieggmo.htm (검색일: 2012.01.27).
- "Промышленность и инвестиции." http://www.adm-nao.ru/?show=statics&id=75 (검색일: 2011.07.22).
- "Растет объем инвестиций в экономику НАО." РИА Новости, 12 октября, 2010. http://nw.ria.ru/economy/20101012/81926324.html (검색일: 2011.09.09).
- "Рейтинги, статистика." http://www.adm-nao.ru/?show=statics&id=292 (검색일: 2011.11.23).
- "Ресурсы." http://www.adm-nao.ru/?show=statics&id=73 (검색일: 2011.03.01).
- "Родионовский Юрий Владимирович." http://www.adm-nao.ru/?show=person&id=53 (검색일: 2012.02.22).
- "Российские атомные ледоколы." http://ruatom.ru/milit/icebreakers.htm (검색일: 2011.02.07).
- Гурьев, Владимирович Руслан. "ОСОБЕННОСТИ ФОРМИ-

РОВАНИЯ И РЕАЛИЗАЦИИ ПРОГРАММ СОЦИАЛЬНО-ЭКОНОМИЧЕСКОГО РАЗВИТИЯ РЕГИОНОВ, НАХОДЯЩИХСЯ В эКСТРЕМАЛЬНЫХ УСЛОВИЯХ." http://www.pmconsulting.ru/pub/pub3.php (검색일: 2011.09.09).
- "Самодийцы." http://ru.wikipedia.org/wiki/Самодийцы (검색일: 2011.04.20).
- "С ВИЗИТОМ ИЗ ЮЖНОЙ КОРЕИ." http://www.adm-nao.ru/?show=news&id=1019 (검색일: 2011.10.20).
- "Символика." http://www.adm-nao.ru/?show=statics&id=82 (검색일: 2011.07.22).
- "Социальная сфера." http://www.adm-nao.ru/?show=statics&id=40 (검색일: 2011.07.22).
- "Социально-экономические показатели." http://www.adm-nmar.ru/socialno_economicheskie_pokazateli.html (검색일: 2011.10.12).
- "Список депутатов." http://www.sdnao.ru/collection/structure/sobranie_deput.php (검색일: 2011.07.23).
- "С ПРИВЕТОМ ИЗ ЮЖНОЙ КОРЕИ." http://www.adm-nao.ru/?show=news&id=1009 (검색일: 2011.10.20).
- "Структура." http://www.sdnao.ru/collection/structure/?item=1 (검색일: 2011.07 23).
- "Тундра глазами корейцев." http://www.adm-nao.ru/?show=news&id=3049 (검색일: 2011.10.20).
- "Файл: Nenets 1860x by Denier.jpg." http://ru.wikipedia.org/wiki/file:Nenets_1860x_by_Denier.jpg (검색일: 2011.02.15).
- "Файл: Samoyedes campfire 1914.jpg." http://ru.wikipedia.org/wiki/file:Samoyedes_campfire_1914.jpg (검색일: 2011.02.15).

- “Федеративное устройство России.” http://ru.wikipedia.org/wiki/Федеративное_устройство_России (검색일: 2011.07.14).
- “Фёдоров, Игорь Геннадьевич.” http://ru.wikipedia.org/wiki/Фёдоров,_Игорь_Геннадьевич (검색일: 2012.03.01).
- “Флаг Нарьян-Мара.” http://ru.wikipedia.org/wiki/Флаг_Нарьян-Мара (검색일: 2011.10.12).
- Хомич Л. В. “Гипотезы о происхождении ненцев.” http://www.mesoeurasia.org/archives/3566 (검색일: 2011.12.23).
- “Чиркова Ирина Александровна.” http://viperson.ru/wind.php?ID=642551 (검색일: 2012.03.01).
- Шеломова, Татьяна. “Ненцы.” http://www.etnosy.ru/node/289 (검색일: 2011.09.17).
- “Экономика.” http://www.adm-nao.ru/?show=statics&id=39 (검색일: 2011.07.22).
- “Экономика НАО падает синхронно с добычей нефти.” http://www.regnum.ru/news/economy/1405164.html (검색일: 2011.09.09).
- “Южная Корея готова к сотрудничеству.” http://www.adm-nao.ru/?show=news&id=4388 (검색일: 2011.10.20).
- http://adm-nmar.ru/gallery/n-mar/73-foto-22.html (검색일: 2010.11.04).
- http://dic.academic.ru/dic.nsf/bse/113267/Ненцы (검색일: 2011.09.17).
- http://identity2010.ru/?page_id=1881 (검색일: 2011.08.28).
- http://museum.rosneft.ru/past/chrono/year/1982/ (검색일: 2011.02.07).
- http://sp.rian.ru/images/14769/67/147696791.jpg (검색일: 2011.02.07).
- http://www.adm-nao.ru/?show=messages&id=31 (검색일: 2011.07.22).
- http://www.moscow-city.ru/ (검색일: 2011.02.28).
- http://www.newsru.com/pict/big/1202063.html (검색일: 2011.02.07).

- “LES ORIGINES DU SAMOYEDE.” http://narianmar.free.fr/Origines.html (검색일: 2011.03.03).
- “Music in Nenets Autonomous Okrug.” http://en.wikipedia.org/wiki/Music_in_Nenets_Autonomous_Okrug (검색일: 2011.02.07).
- “Nenets Autonomous Okrug.” http://en.wikipedia.org/wiki/Nenets_Autonomous_Okrug (검색일: 2011.02.07).
- “Nenets languages.” http://en.wikipedia.org/wiki/Nenets_languages (검색일: 2011.02.07).
- “Nenets people.” http://en.wikipedia.org/wiki/Nenets_people (검색일: 2011.02.07).
- “THE NENETS.”(a) http://www.eki.ee/books/redbook/nenets.shtml (검색일: 2011.08.29).
- “THE NENETS.”(b) http://www.samoyed.org/nenets.html (검색일: 2011.08.29).
- “The Nenets and Khanty of Yamal Peninsula.” http://arcticcircle.uconn.edu/NatResources/nenets.html (검색일: 2011.04.27).
- “The Nenets Autonomous District.” http://fr.bigring.ru/?trID=359 (검색일: 2011.10.19).

네네츠 자치구 주요 기관 인터넷 사이트

언론매체

- http://www.n-mar.ru/ – ‘나리얀-마르 온라인 정보통신사(ИА Нарьян-Мар on-line)’
- http://www.n-trk.ru/ – ‘네네츠 TV·라디오 방송국(Ненецкая ТРК)’

- http://www.nvinder.ru – '냐르야나 빈데르(Нярьяна вындер)' 네네츠 자치구 신문
- http://www.ogv-nao.ru/ogvnao/main.htm – 네네츠 자치구 권력기관 보도사이트
- http://www.sppnao.ru/gazeta – 네네츠 자치구 기업가협회 신문
- http://www.vnao.ru – 네네츠 자치구 국회 신문

수도 및 행정 기관

- http://axx.nm.ru – '땅 끝으로(На краю земли)' 사이트
- http://narjan.narod.ru – '나리얀-마르 시 사이트(Сайт о г. Нарьян-Мар)'
- http://www.adm-nao.ru/ 네네츠 자치구 공식 사이트
- http://www.amderma.ru/ – 암데르마 농촌형 부락(посёлк Амдерма) 공식 사이트
- http://www.dulnev.nrmar.ru/ – 보리스 둘리네프(Борис Дульнев) 공공 권리센터
- http://www.nao2000.narod.ru. – 네네츠 자치구 제일 비공식 사이트
- http://www.naomuseum.ru/ – '네네츠 지지학 박물관(Ненецкий краеведческий музей)'
- http://www.n-mcity.ru/ – '나리얀-마르 시티(Нарьян-Мар сити)' 사이트
- http://www.nmshos.ru – 나리얀-마르 시 농업실험소
- http://www.ombudsman-nao.ru/ – 네네츠 자치구 인권위원
- http://www.s-oma.narod.ru – 오마 시골(деревня Ома) 제일 비공식 인터넷 사이트
- http://www.zrnao.ru/ – 네네츠 자치구 자폴랴르니 군(Заполярный

район) 공식 사이트

공공기관 및 사회단체

- http://narianbard.narod.ru – 독립가곡단 '북극(Арктика)' 사이트
- http://sud.nao.sudrf.ru/index.php – 네네츠 자치구 법원
- http://www.fssnao.h1.ru – 네네츠 자치구 사회보험 기금
- http://www.nenetsk.izbirkom.ru – 네네츠 자치구 선거관리위원회 (избирком НАО)
- http://www.sdnao.ru/ – 네네츠 자치구 국회
- http://www.uvdnao.ru/ – 네네츠 자치구 내무청
- http://www.yasavey.org/joom/ – 네네츠 민속협회 '야사베이(Ясавэй)'

북극의 별

네네츠

미주

1) "따뜻해진 북극, 한파 또 부른다." 「한겨레신문」, 2012년 2월 13일(월), 10면.
2) "2012년 국제 석유가스 정세 전망," http://blog.naver.com/twkim2004?Redirect=Log&logNo=70129308428 (검색일: 2012.02.18).
3) "고급휘발유 L당 2219.20원 사상 최고." 「dongA.com」, 2012년 2월 17일. http://economy.donga.com/0113/3/0113/20120217/44109011/4 (검색일: 2012.02.18).
4) Росстат, *Российский статистический ежегодник* (Москва, 2010), стр. 405.
5) Росстат, *Регионы России. Основные характеристики субъектов Российской Федерации* (Москва, 2010), стр. 176.
6) Т. Г. Морзовая, *Экономическая география России* (Москва: ЮНИТИ–ДАНА, 2002), стр. 263.
7) В. Г. Глушкова, А. А. Винокуров, *Введение в экономическую географию и региональную экономику России* (Москва: Издательство ВЛАДОС–ПРЕСС, 2003), стр. 34.
8) М. К. Сидоров, *Социадьно-экономическая география и регионалистика России* (Москва: ИНФРА–М, 2002), стр. 168-172.
9) Глушкова & Винокуров, Указ. соч., стр. 31-32.
10) Elena N. Andreyeva & Valery A. Kryukov, "The Russian model: Merging and sustainability," *Arctic Oil and Gas: Sustainability at risk?* (London and New York: Routledge, 2009), pp. 240-287.
11) James Forsyth, *A history of the peoples of Siberia: Russia's north Asian colony* (Cambridge: Cambridge University Press, 2000); Andrei V. Golovnev & Gail Osherenko, *Siberian survival: the Nenets and their story* (Ithaca and London: Cornell University Press, 1999).

12) Aslaug Mikkelsen & Oluf Langhelle, *Arctic Oil and Gas: Sustainability at risk?* (London and New York: Routledge, 2009).

13) Garik Gutman & Anni Reissell, *Eurasian Arctic Land Cover and Land Use in a Changing Climate* (New York: Springer, 2011); T. Kue Young & Peter Bjerregaard, *Health Transitions in Arctic Populations* (Toronto: University of Toronto Press, 2008); Grete K. Hovelsrud & Barry Smit, *Community Adaptation and Vulnerability in Arctic Regions* (New York: Springer, 2010).

14) И. П. Рязанцев, М. С. Халиков, *Экономическая социология: Региональный аспект* (Москва: Академический Проект, 2005), стр. 42-47.

15) "Nenets Autonomous Okrug," http://en.wikipedia.org/wiki/Nenets_Autonomous_Okrug (검색일: 2011.02.07).

16) Росстат, *Регионы России. Основные характеристики субъектов Российской Федерации* (Москва, 2010), стр. 172-178., Nenets office of the Norwegian *Barents Secretariat, Barents Monitoring, Nenets Autonomous Okrug* (January–December 2010). 그밖에도 이 책에 후술된 다양한 출처로부터 정리한 내용임.

17) "Nenets Autonomous Okrug," op. cit.

18) http://www.moscow-city.ru/ (검색일: 2011.02.28).

19) "Ненецкий автономный округ, "(г) http://ru.wikipedia.org/wiki/Ненецкий_автономный_округ (검색일: 2011.01.18).

20) "Ненецкий автономный округ,"(в) http://kraeved-nao.narod.ru/page3.htm (검색일: 2011.08.01).

21) "Ненецкий автономный округ,"(г) Указ. соч.

22) Там же.

23) "Ненецкий автономный округ,"(б) http://komionline.ru/nao (검색일: 2011.09.09).

24) "Ненецкий автономный округ,"(г) Указ. соч.

25) "Общая информация," http://www.adm-nao.ru/?show=statics&id=38 (검색일: 2011.07.22).

26) "Ненецкий автономный округ,"(г) Указ. соч.

27) 필자 촬영.

28) "Ненецкий автономный округ,"(г) Указ. соч.

29) "Символика," http://www.adm-nao.ru/?show=statics&id=82 (검색일: 2011.07.22).

30) Там же.

31) Там же.

32) Там же.

33) Там же.

34) "ГИМН НЕНЕЦКОГО АВТОНОМНОГО ОКРУГА," http://www.adm-nao.ru/?show=statics&id=83 (검색일: 2011.07.22).

35) "Nenets Autonomous Okrug," op. cit.

36) "Ненецкий автономный округ,"(г) Указ. соч.

37) *Народы и религии мира. Энциклопедия* (Москва: 2000), стр. 375-377.

38) "Ненцы,"(б) http://ru.wikipedia.org/wiki/Ненцы (검색일: 2011.01.18).

39) *Народы и религии мира. Энциклопедия* (Москва: 2000), стр. 375-377.

40) "Nenets people," http://en.wikipedia.org/wiki/Nenets_people (검색일: 2011.02.07).

41) "Ненцы,"(б) Указ. соч.

42) В. И. Васильев, "Ненцы,"(б) http://www.hrono.ru/etnosy/etnos_n/nency.php (검색일: 2011.08.29).

43) "НЕНЦЫ,"(в) http://www.nsu.ru/ip/nens.php (검색일: 2012.03.24).

44) *Народы и религии мира. Энциклопедия* (Москва: 2000), стр. 375-377.

45) Народы и религии мира. *Энциклопедия* (Москва: 2000), стр. 375-377.

46) "Ненцы,"(б) Указ. соч.

47) *Народы и религии мира. Энциклопедия* (Москва: 2000), стр. 375-377.

48) "Ненцы,"(б) Указ. соч.

49) В. И. Васильев, (б) Указ. соч.

50) "Ненцы,"(б) Указ. соч.

51) В. И. Васильев,(б) Указ. соч.

52) "Nenets people," op. cit.

53) "LES ORIGINES DU SAMOYEDE," http://narianmar.free.fr/Origines.html (검색일: 2011.03.03).

54) "НЕНЦЫ,"(в) http://www.nsu.ru/ip/nens.php (검색일: 2012.03.24).

55) "Население," http://www.adm-nao.ru/?show=statics&id=42 (검색일: 2011.07.22).

56) "Наши народы," http://www.nickelca.ru/krai/peoples.htm (검색일: 2011.01.17).

57) "THE NENETS,"(b) http://www.samoyed.org/nenets.html (검색일:2011.08.29).

58) В. И. Васильев,(б) Указ. соч.

59) "Ненецкий язык," http://ru.wikipedia.org/wiki/Ненецкий_язык (검색일: 2011.01.18).

60) Там же.

61) Там же.

62) "Nenets languages," http://en.wikipedia.org/wiki/Nenets_languages (검색일: 2011.02.07).

63) "Ненцы,"(б) Указ. соч.

64) "Nenets languages," op. cit.

65) "THE NENETS,"(b) op. cit.

66) "Ненецкий язык," Указ. соч.

67) http://identity2010.ru/?page_id=1881 (검색일: 2011.08.28).

68) "Nenets people," op. cit.

69) http://identity2010.ru/?page_id=1881, Указ. соч.

70) 필자 촬영.

71) В. И. Васильев,(б) Указ. соч.

72) Там же.

73) 필자 촬영.

74) 필자 촬영.

75) "Ненецкий автономный округ,"(г) Указ. соч.

76) "Ненцы,"(б) Указ. соч.

77) "Самодийцы," http://ru.wikipedia.org/wiki/Самодийцы (검색일: 2011.04.20).

78) "Nenets Autonomous Okrug," op. cit.

79) "Историческая справка," http://www.adm-nao.ru/?show=statics&id=102 (검색일:2011.02.15).

80) "Ненецкий автономный округ,"(г) Указ. соч.

81) "Файл: Nenets 1860x by Denier.jpg," http://ru.wikipedia.org/wiki/file:Nenets_1860x_by_Denier.jpg (검색일: 2011.02.15).

82) "THE NENETS,"(a) http://www.eki.ee/books/redbook/nenets.shtml (검색일:2011.08.29).

83) "Историческая справка," Указ. соч.

84) "Nenets Autonomous Okrug," op. cit.

85) "Ненецкий автономный округ,"(г) Указ. соч.

86) "Файл: Samoyedes campfire 1914.jpg," http://ru.wikipedia.org/wiki/file:Samoyedes_campfire_1914.jpg (검색일: 2011.02.15)

87) "Ненецкий язык," Указ. соч.

88) “Историческая справка,” Указ. соч.

89) “Общая информация,” Указ. соч.

90) “Nenets Autonomous Okrug,” op. cit.

91) Сидоров, Указ. соч., стр. 164.

92) 자세한 행정지역의 출현과 변화에 대해서는 다음 참조. “Историческая справка,” Указ. соч.

93) “Общая информация,” Указ. соч.

94) 필자 촬영.

95) Г. Б. Медведева, “Включение территорий крайнего севера в общую систему Государственного устройства СССР–РФ. 1929–2000–е гг.,” *Арктические перспективы 21 век* (Нарьян–Мар: Нарьян–Мар, 2010), стр. 18–19.

96) М. М. Коловангина, “К вопросу об индустриальном строительстве в Ненецком округе в 30-е годы 20 века,” *Арктические перспективы 21 век* (Нарьян–Мар: Нарьян–Мар, 2010), стр. 123–126.

97) 필자 촬영.

98) Медведева, Указ. соч., стр. 19.

99) 필자 촬영.

100) Медведева, Указ. соч., стр. 19–20.

101) Глушкова, Указ. соч., стр. 39.

102) 필자 촬영.

103) Няръяна вындер, 7 августа, 1991.

104) Медведева, Указ. соч., стр. 20.

105) 필자 촬영.

106) 필자 촬영.

107) Медведева, Указ. соч., стр. 21.

108) 필자 촬영.

109) М. М. Коловангина, “Ненецкий округ: первое десятилетие.” *Особенности социально-экономического и культурного развития в 30-е годы 20 века* (Нарьян–Мар: ООО РПК Орел медиа , 2009), стр. 306–308.

110) “THE NENETS,” Указ. соч.

111) “Ненецкий автономный округ,”(г) Указ. соч.

112) http://www.adm–nao.ru/?show=messages&id=31 (검색일: 2011.07.22).

113) "Фёдоров, Игорь Геннадьевич," http://ru.wikipedia.org/wiki/Фёдоров,_Игорь_Геннадьевич (검색일: 2012.03.01).

114) Там же.

115) "Депутаты окружного Собрания отозвали члена Совета Федерации Федерального Собрания РФ Алексея Пантелеева и избрали нового сенатора от заксобрания НАО," http://www.sdnao.ru/news/detail.php?ELEMENT_ID=6482&phrase_id=24173 (검색일: 2012.03.10).

116) "Владимир Пехтин: Межпартийное сотрудничество – важный фактор развития российско-китайских связей," http://old.er.ru/er/text.shtml?10/2039 (검색일: 2012.03.01).

117) "Пехтин, Владимир," http://lenta.ru/lib/14160409/ (검색일: 2012.03.01).

118) "Комментирует Ирина ЧИРКОВА, заместитель руководителя фракции ЛДПР в областном Собрании депутатов," http://www.ldpr29.ru/index.php?newsid=167 (검색일: 2012.03.01).

119) "Чиркова Ирина Александровна," http://viperson.ru/wind.php?ID=642551 (검색일: 2012.03.01).

120) "Ненецкий автономный округ,"(б) Указ. соч.

121) "Депутаты Ненецкого автономного округа," http://www.sdnao.ru/deputat_list/detail.php?ELEMENT_ID=2279 (검색일: 2011.07.23).

122) "Список депутатов," http://www.sdnao.ru/collection/structure/sobranie_deput.php (검색일: 2011.07.23).

123) Там же.

124) "Структура," http://www.sdnao.ru/collection/structure/?item=1 (검색일: 2011.07 23).

125) "Коткин Сергей Николаевич," http://www.sdnao.ru/deputat_list/detail.php?ELEMENT_ID=67 (검색일: 2012.03.10).

126) Там же.

127) Наталья Емельянова, "Аналитический доклад Ненецкий автономный округ: эффективность региональной власти," http://iri.local-group.ru/articles/analytics/index.php (검색일: 2012.03.16).

128) "Административно-территориальное деление," http://www.adm-nao.ru/?show=statics&id=43 (검색일: 2011.07.23).

129) "Ненецкий автономный округ,"(д) http://www.dvinaland.ru/region/nao/ (검색일:

2012.03.14).

130) "Ненецкий автономный округ,"(г) Указ. соч.

131) http://ru.wikipedia.org/wiki/Заполярный_район (검색일: 2012.04.22).

132) "Ненецкий автономный округ,"(б) Указ. соч.

133) "Родионовский Юрий Владимирович," http://www.adm-nao.ru/?show=person&id=53 (검색일: 2012.02.22).

134) "Ненецкий автономный округ,"(б) Указ. соч.

135) "Безумов Александр Вячеславович," http://www.adm-nao.ru/?show=person&id=52 (검색일: 2012.02.22).

136) "Федеративное устройство России," http://ru.wikipedia.org/wiki/Федеративное_устройство_России (검색일: 2011.07.14).

137) "Административно-территориальное устройство," http://www.sdnao.ru/nao/districs/?item=2 (검색일: 2011.07.14).

138) "Ненецкий автономный округ,"(б) Указ. соч.

139) "Административно-территориальное деление," Указ. соч.

140) "Наш город," http://www.adm-nmar.ru/nash_gorod.html (검색일: 2011.07.23).

141) "LES ORIGINES DU SAMOYEDE," Указ. соч.

142) Ульяна Апполоновна Истомина, "История города Нарьян-Мара," http://www.adm-nmar.ru/istoria_goroda.html (검색일: 2010.09.15).

143) Там же.

144) "Административно-территориальное деление," Указ. соч.

145) Истомина, Указ. соч.

146) Там же.

147) "Наш город," Указ. соч.

148) 필자 촬영.

149) Истомина, Указ. соч.

150) "Наш город," Указ. соч.

151) 필자 촬영.

152) "Наш город," Указ. соч.

153) Истомина, Указ. соч.

154) Там же.

155) "Наш город," Указ. соч.

156) Там же.

157) 필자 촬영.

158) "Административно-территориальное деление," Указ. соч.

159) "Наш город," Указ. соч.

160) Там же.

161) "Флаг Нарьян-Мара," http://ru.wikipedia.org/wiki/Флаг_Нарьян-Мара (검색일: 2011.10.12).

162) "Нарьян-Мар," http://ru.wikipedia.org/wiki/Нарьян-Мар (검색일: 2011.10.12).

163) "Паспорт Города," http://www.adm-nmar.ru/pasport_goroda.html (검색일: 2011.10.12).

164) "Нарьян-Мар," Указ. соч.

165) "Социально-экономические показатели," http://www.adm-nmar.ru/socialno_economicheskie_pokazateli.html (검색일: 2011.10.12).

166) "Ненецкий автономный округ,"(б) Указ. соч.

167) Ольга Канева, "Память о прошлом храня...," http://www.nvinder.ru/archive/2006/nov/18/05.shtml (검색일: 2012.03.03).

168) 필자 촬영.

169) 필자 촬영.

170) "Ненецкий автономный округ,"(б) Указ. соч.

171) Там же.

172) 필자 촬영.

173) 필자 촬영.

174) 필자 촬영.

175) План-схема г. Нарьян-Мар (Нарьян-Мар: ООО Красный город, 2009.08.01).

176) 필자 촬영.

177) 필자 촬영.

178) 필자 촬영.

179) План-схема г. Нарьян-Мар (Нарьян-Мар: ООО Красный город, 2009.08.01).

180) 필자 촬영.

181) Н. В. Зубаревич, *Социальное развитие регионов: Проблемы и тенденции переходного периода* (Москва: Книжный дом ЛИБРОКДОМ , 2003), стр. 34-35.

182) В. В. Климанов, *Региональные системы и региональное развитие в России* (Москва:

Эдиториал УРСС, 2003), стр. 46–47.

183) В. В. Климанов, *Региональное развитие и экономическая самостоятельность* (Москва: Эдиториал УРСС, 2000), стр. 21–22.

184) М. В. Голубицкая, И. И. Санин, *Социально-экономическое положение регионов России* (Москва: Издательство Сатурн–С, 2001), стр. 123–124.

185) Зубаревич, Указ. соч., стр. 73–79.

186) ИСЭПН(Институт социально–экономических проблем народнонаселения РАН), *Россия в глобализируюшемся мире: социальные аспекты* (Москва: ИСЭПН РАН, 2006), стр. 115, 149.

187) Росстат, *Регионы России. Социально-экономические показатели* (Москва, 2010), стр. 450.

188) Росстат, *Регионы России. Социально-экономические показатели* (Москва, 2010), стр. 452.

189) Росстат, *Регионы России. Социально-экономические показатели* (Москва, 2009), стр. 454, (Москва, 2010), стр. 458.

190) Росстат, *Регионы России. Социально-экономические показатели* (Москва, 2011), стр. 475–476.

191) Росстат, *Регионы России. Основные характеристики субъектов Российской Федерации* (Москва, 2010), стр. 176.

192) Росстат, *Регионы России. Социально-экономические показатели* (Москва, 2009), стр. 106, (Москва, 2010), стр. 102.

193) Росстат, *Регионы России: Основные характеристики субъектов Российской Федерации* (Москва, 2010), стр. 176.

194) Росстат, *Регионы России. Социально-экономические показатели* (Москва, 2009), стр. 110–111, (Москва, 2010), стр. 106–107.

195) Росстат, *Регионы России. Социально-экономические показатели* (Москва, 2009), стр. 114–115, (Москва, 2010), стр. 110–111.

196) Росстат, *Регионы России: Основные характеристики субъектов Российской Федерации* (Москва, 2010), стр. 177.

197) Росстат, *Регионы России. Социально-экономические показатели* (Москва, 2010), стр. 365–375.

198) Росстат, *Регионы России. Социально-экономические показатели* (Москва, 2010),

стр. 173.

199) 필자 촬영.

200) "Ненецкий автономный округ,"(б) Указ. соч.

201) "Ненецкий автономный округ – лучший субъект РФ по экономическим показателям," http://www.zaks.ru/new/archive/view/37635 (검색일: 2011.09.09).

202) Росстат, *Регионы России: Основные характеристики субъектов Российской Федерации* (Москва, 2010), стр. 176.

203) Администрация Ненецкого автономного округа, *Стратегия социально-экономического развития Ненецкого автономного округа на перспективу до 2030 года 2008-2009* (Нарьян–Мар__Санкт–Петербург, 2008–2009), стр. 21.

204) Администрация Ненецкого автономного округа, *Стратегия социально-экономического развития Ненецкого автономного округа на перспективу до 2030 года 2008-2009* (Нарьян–Мар__Санкт–Петербург, 2008–2009), стр. 21.

205) "Архангельская область и Ненецкий автономный округ," http://atlas.socpol.ru/portraits/arkh.shtml (검색일: 2012.03.16).

206) Администрация Ненецкого автономного округа, *Стратегия социально-экономического развития Ненецкого автономного округа на перспективу до 2030 года 2008-2009* (Нарьян–Мар__Санкт–Петербург, 2008–2009), стр. 24.

207) Росстат, *Регионы России: Основные характеристики субъектов Российской Федерации* (Москва, 2010), стр. 176.

208) "Ненецкий автономный округ,"(а) http://citiesofrussia.ru/index.php/neneckiyavokrug/110–nenetskii–ao (검색일: 2011.09.09).

209) Росстат, *Регионы России: Основные характеристики субъектов Российской Федерации* (Москва, 2010), стр. 178.

210) 필자 촬영.

211) "Экономика НАО падает синхронно с добычей нефти," http://www.regnum.ru/news/economy/1405164.html (검색일: 2011.09.09).

212) Росстат, *Регионы России: Основные характеристики субъектов Российской Федерации* (Москва, 2010), стр. 176.

213) Nenets office of the Norwegian Barents Secretariat, *Barents Monitoring, Nenets Autonomous Okrug* (January–December 2010), p. 2.

214) Nenets office of the Norwegian Barents Secretariat, *Barents Monitoring, Nenets*

Autonomous Okrug (January–December 2010), p. 2.

215) "Экономика НАО падает синхронно с добычей нефти," Указ. соч.

216) "Ресурсы," http://www.adm-nao.ru/?show=statics&id=73 (검색일: 2011.03.01).

217) Администрация Ненецкого автономного округа, *Стратегия социально-экономического развития Ненецкого автономного округа на перспективу до 2030 года 2008-2009* (Нарьян-Мар__Санкт-Петербург, 2008–2009), стр. 24.

218) "Ненецкий автономный округ,"(г) Указ. соч.

219) Там же.

220) "Ненецкий автономный округ,"(б) Указ. соч.

221) "Ненецкий автономный округ,"(г) Указ. соч.

222) Там же.

223) "Ресурсы," Указ. соч.

224) "Ненецкий автономный округ,"(г) Указ. соч.

225) Алена Глухова, Ольга Каменских, "Миграционные процессы в России," http://geo.1september.ru/articles/2010/02/08 (검색일: 2012.02.22).

226) "Ненецкий автономный округ,"(г) Указ. соч.

227) "Ресурсы," Указ. соч.

228) "Ненецкий автономный округ,"(г) Указ. соч.

229) "Ресурсы," Указ. соч.

230) "Ненецкий автономный округ,"(г) Указ. соч.

231) "Nenets Autonomous Okrug," op. cit.

232) Total, *The Nenets Autonomous District* (Moscow: Avant-Garde Publishers, 2004), pp. 61–62.

233) "Промышленность и инвестиции," http://www.adm-nao.ru/?show=statics&id=75 (검색일: 2011.07.22).

234) Росстат, *Регионы России: Основные характеристики субъектов Российской Федерации* (Москва, 2010), стр. 177.

235) Росстат, *Регионы России: Основные характеристики субъектов Российской Федерации* (Москва, 2010), стр. 176.

236) "Плановое развитие АПК." Няръяна вындер, 29 января, 2011. http://iaplanet.com/ekonomika/10-planovoe-razvitie-apk.html (검색일: 2011.09.09).

237) "Экономика," http://www.adm-nao.ru/?show=statics&id=39 (검색일: 2011.07.22).

238) Total, op. cit., pp. 59–60.

239) "Ненецкий автономный округ,"(б) Указ. соч.

240) Росстат, *Регионы России: Основные характеристики субъектов Российской Федерации* (Москва, 2010), стр. 176. 2004년 자료는 "Экономика," Указ. соч., 2010년 자료는 Nenets office of the Norwegian Barents Secretariat, *Barents Monitoring, Nenets Autonomous Okrug* (January–December 2010), p. 2.

241) "Экономика," Указ. соч.

242) Там же.

243) "Nenets Autonomous Okrug," op. cit.

244) Росстат, *Регионы России: Основные характеристики субъектов Российской Федерации* (Москва, 2010), стр. 176.

245) "Историческая справка," Указ. соч.

246) Росстат, *Регионы России. Социально-экономические показатели* (Москва, 2009), стр. 34–35, (Москва, 2010), стр. 34–35.

247) "Инфраструктура," http://www.adm-nao.ru/?show=statics&id=74 (검색일: 2011.07.22).

248) Росстат, *Регионы России: Основные характеристики субъектов Российской Федерации* (Москва, 2010), стр. 178.

249) "Ненецкий автономный округ,"(б) Указ. соч.

250) "Nenets Autonomous Okrug," op. cit.

251) 필자 촬영.

252) "Инфраструктура," Указ. соч.

253) http://adm-nmar.ru/gallery/n-mar/73-foto-22.html (검색일: 2010.11.04).

254) "Инфраструктура," Указ. соч.

255) 필자 촬영.

256) 필자 촬영.

257) "Ненецкий автономный округ,"(б) Указ. соч.

258) "Инфраструктура," Указ. соч.

259) Там же.

260) Росстат, Регионы России: Основные характеристики субъектов Российской Федерации (Москва, 2010), стр. 178.

261) Росстат, *Регионы России: Социально-экономические показатели* (Москва, 2009), стр.

34–35, (Москва, 2010), стр. 34–35.

262) "НАО стал обладателем Инвестиционного Ангела," http://www.adm-nao.ru/?show=news&id=4247 (검색일: 2011.11.23).

263) "Ненецкий автономный округ,"(б) Указ. соч.

264) "Промышленность и инвестиции," Указ. соч.

265) "ИНОСТРАННЫЕ ИНВЕСТИЦИИ В ЭКОНОМИКУ РОССИЙСКОЙ ФЕДЕРАЦИИ," http://www.gks.ru/bgd/regl/B08_14p/IssWWW.exe/Stg/d3/24-10-2.htm (검색일: 2011.10.05).

266) "Экономика," Указ. соч.

267) "Растет объем инвестиций в экономику НАО." *РИА Новости, 12 октября, 2010.* http://nw.ria.ru/economy/20101012/81926324.html (검색일: 2011.09.09).

268) Nenets office of the Norwegian Barents Secretariat, *Barents Monitoring, Nenets Autonomous Okrug* (January–December 2010), pp. 2–3.

269) 필자 촬영.

270) "Ненецкий автономный округ,"(б) Указ. соч.

271) "Историческая справка," Указ. соч.

272) Росстат, *Российский статистический ежегодник* (Москва, 2010), стр. 78–81.

273) Росстат, *Регионы России. Основные характеристики субъектов Российской Федерации* (Москва, 2010), стр. 172.

274) 최우익, "소비에트 시대의 인구변천과 러시아 연방관구별 인구 변화," 『슬라브연구』, 제26권 2호 (서울: 한국외국어대학교 러시아연구소, 2010), pp. 124–129.

275) Росстат, *Российский статистический ежегодник* (Москва, 2009), стр. 99.

276) Росстат, *Регионы России. Социально-экономические показатели* (Москва, 2010), стр. 82–83.

277) Д. Д. Богоявленский, "Вымирают ли народы севера?" *СОЦИС*, №8 (2005), стр. 55–61.

278) "Nenets Autonomous Okrug," op. cit.

279) Росстат, *Регионы России. Социально-экономические показатели* (Москва, 2010), стр. 92.

280) 최우익, "러시아의 인구감소와 국제이주민의 유입 –인적자원 문제와 관련하여–," 『동북아문화연구』, 제26집 (부산: 동북아시아문화학회, 2011), pp. 619–629.

281) "Адаптация мигрантов в НАО," http://news-city.info/novost/?p=8928 (검색일: 2012.01.27).

282) Росстат, *Российский статистический ежегодник* (Москва, 2009), стр. 177, (Москва, 2010), стр. 183.

283) Росстат, *Регионы России. Социально-экономические показатели* (Москва, 2009), стр. 76, (Москва, 2010), стр. 72.

284) Росстат, *Регионы России. Социально-экономические показатели* (Москва, 2009), стр. 88, (Москва, 2010), стр. 84.

285) Богоявленский, Указ. соч., стр. 56.

286) Росстат, *Регионы России: Основные характеристики субъектов Российской Федерации* (Москва, 2010), стр. 175.

287) Росстат, *Демографический ежегодник России* (Москва, 2010), стр. 103.

288) Росстат, *Демографический ежегодник России* (Москва, 2010), стр. 33, 37.

289) Nenets office of the Norwegian Barents Secretariat, *Barents Monitoring, Nenets Autonomous Okrug* (January–December 2010), p. 4.

290) 권세은 외, 『북서연방지구』 (서울: 경희대학교출판국, 2006).

291) Морзовая, Указ. соч., стр. 264–266.

292) Туула Туйску, "Будущее северных поселков в Салле(Финляндия) и ненецком округе(Россия)," *Арктические перспективы 21 век* (Нарьян–Мар: Издательский дом Нарьян–Мар, 2010), стр. 112.

293) Росстат, *Регионы России: Основные характеристики субъектов Российской Федерации* (Москва, 2010), стр. 175.

294) "Ненецкий автономный округ,"(б) Указ. соч.

295) Росстат, *Регионы России. Социально-экономические показатели* (Москва, 2010), стр. 164–165.

296) Росстат, *Регионы России. Социально-экономические показатели* (Москва, 2010), стр. 164–167.

297) Росстат, *Регионы России. Социально-экономические показатели* (Москва, 2010), стр. 166–167.

298) Nenets office of the Norwegian Barents Secretariat, *Barents Monitoring, Nenets Autonomous Okrug* (January–December 2010), p. 1.

299) 필자 촬영.

300) Росстат, *Регионы России. Социально-экономические показатели* (Москва, 2009), стр. 176, (Москва, 2010), стр. 172.

301) ИСЭПН, Указ. соч., стр. 133.

302) Росстат, *Регионы России. Социально-экономические показатели* (Москва, 2010), стр. 174.

303) Росстат, *Регионы России. Социально-экономические показатели* (Москва, 2009), стр. 192.

304) Росстат, *Регионы России. Социально-экономические показатели* (Москва, 2010), стр. 188.

305) 최우익, "네네츠 자치구 주민의 사회경제적 변화와 특성: 시장 개혁기 석유생산업의 발전과 관련하여," 『러시아연구』, 제21권 제1호 (서울: 서울대학교 러시아연구소, 2011), 278–280.

306) Росстат, *Регионы России. Социально-экономические показатели* (Москва, 2010), стр. 180–181.

307) Росстат, *Регионы России. Социально-экономические показатели* (Москва, 2010), стр. 182–185.

308) "Ненецкий автономный округ," (б) Указ. соч.

309) Росстат, *Регионы России. Социально-экономические показатели* (Москва, 2010), стр. 182–185.

310) Росстат, *Регионы России: Основные характеристики субъектов Российской Федерации* (Москва, 2010), стр. 178.

311) 러시아에서 소득 수준이 높을 지역일수록 빈부격차가 심화되는 현상에 대한 연구로는 다음 참조. Л. А. Беляева, "Социальная стратификация и бедность в регионах России," *СОЦИС*, № 9 (2006), стр. 52–63; 최우익, "러시아 중간계층의 지역별 분포와 양상," 『슬라브학보』, 제23권 3호 (서울: 한국슬라브학회, 2008), pp. 449–473.

312) Росстат, *Регионы России. Социально-экономические показатели* (Москва, 2009), стр. 182–183, (Москва, 2010), стр. 178–179.

313) Росстат, *Регионы России. Социально-экономические показатели* (Москва, 2003), стр. 144–145, (Москва, 2005), стр. 160–161, (Москва, 2007), стр. 172–173, (Москва, 2009), стр. 182–183.

314) 필자 촬영.

315) "Историческая справка," Указ. соч.

316) Там же.

317) Там же.

318) Там же.

319) “Социальная сфера,” http://www.adm-nao.ru/?show=statics&id=40 (검색일: 2011.07.22).

320) “Историческая справка,” Указ. соч.

321) 필자 촬영.

322) “Социальная сфера,” Указ. соч.

323) Там же.

324) 필자 촬영.

325) “Социальная сфера,” Указ. соч.

326) “В НАО студенты из семей оленеводов получат повышенную стипендию,” http://finugor.ru/node/12810 (검색일: 2011.09.17).

327) Росстат, *Регионы России: Основные характеристики субъектов Российской Федерации* (Москва, 2010), стр. 176.

328) “Архангельская область и Ненецкий автономный округ,” Указ. соч.

329) Росстат, *Регионы России. Социально-экономические показатели* (Москва, 2009), стр. 34-35, (Москва, 2010), стр. 34-35.

330) Росстат, *Регионы России. Социально-экономические показатели* (Москва, 2009), стр. 34-35, (Москва, 2010), стр. 34-35.

331) Росстат, *Регионы России: Основные характеристики субъектов Российской Федерации* (Москва, 2010), стр. 175.

332) Nenets office of the Norwegian Barents Secretariat, *Barents Monitoring, Nenets Autonomous Okrug* (January-December 2010), p. 3.

333) 필자 촬영.

334) “Социальная сфера,” Указ. соч.

335) Там же.

336) Росстат, *Регионы России: Основные характеристики субъектов Российской Федерации* (Москва, 2010), стр. 176.

337) Росстат, *Регионы России Социально-экономические показатели* (Москва, 2011), стр. 290, 300, 306.

338) “Социальная сфера,” Указ. соч.

339) Там же.

340) 필자 촬영.

341) "Административно-территориальное деление," Указ. соч.

342) Росстат, *Регионы России: Основные характеристики субъектов Российской Федерации* (Москва, 2010), стр. 175.

343) Росстат, *Регионы России: Основные характеристики субъектов Российской Федерации* (Москва, 2010), стр. 176.

344) "THE NENETS," (b) op. cit.

345) http://en.wikipedia.org/wiki/Nenets_people (검색일: 2011.02.07).

346) "НЕНЦЫ,"(в) http://www.nsu.ru/ip/nens.php (검색일: 2011.08.27).

347) 필자 촬영.

348) "The Nenets and Khanty of Yamal Peninsula," http://arcticcircle.uconn.edu/NatResources/nenets.html (검색일: 2011.04.27).

349) "Ненцы,"(б) Указ. соч.

350) http://identity2010.ru/?page_id=1881, Указ. соч. 이하 네네츠인의 이동 천막을 만드는 방법은 이 사이트에서 참조하였다.

351) "The Nenets and Khanty of Yamal Peninsula," Указ. соч.

352) http://identity2010.ru/?page_id=1881, Указ. соч.

353) http://d1.dvinainform.ru/data/files/85/1f/00001f85.jpg (검색일: 2012.03.24)

354) "Жители тундры отмечают День оленя," http://www.rosbalt.ru/federal/2011/08/02/875230.html (검색일: 2012.01.27).

355) "ПОСТАНОВЛЕНИЕ администрации НАО от 01.07.2008 N 105-п ⟨ОБ УТВЕРЖДЕНИИ ПОРЯДКА ПРОВЕДЕНИЯ ТРАДИЦИОННОГО ПРАЗДНИКА 'ДЕНЬ ОЛЕНЯ'⟩," http://nenets.news-city.info/docs/sistemsw/dok_ieggmo.htm (검색일: 2012.01.27).

356) "Валерий Потапенко узаконил День оленя," http://www.n-mar.ru/news/883-valerijj_potapenko_uzakonil_den_olenja.html (검색일: 2011.09.17).

357) "Жители тундры отмечают День оленя," Указ. соч.

358) "Народы и традиции," http://www.nenetskiiao.ru/nat/ (검색일:2012.03.24).

359) "Music in Nenets Autonomous Okrug," http://en.wikipedia.org/wiki/Music_in_Nenets_Autonomous_Okrug (검색일: 2011.02.07).

360) "Историческая справка," Указ. соч.

361) Там же.

362) 필자 촬영.

363) "Социальная сфера," Указ. соч.

364) Там же.

365) 필자 촬영.

366) "Социальная сфера," Указ. соч.

367) Там же.

368) 필자 촬영.

369) "С ПРИВЕТОМ ИЗ ЮЖНОЙ КОРЕИ," http://www.adm-nao.ru/?show=news&id=1009 (검색일: 2011.10.20).

370) Михаил Веселов, "Разговор с генеральным консулом." http://www.nvinder.ru/archive/2007/jun/21/05.shtml (검색일: 2011.10.20).

371) "С ВИЗИТОМ ИЗ ЮЖНОЙ КОРЕИ," http://www.adm-nao.ru/?show=news&id=1019 (검색일: 2011.10.20).

372) "Визит генконсула Кореи," http://www.adm-nao.ru/?show=news&id=4382 (검색일: 2011.10.20).

373) "Южная Корея готова к сотрудничеству," http://www.adm-nao.ru/?show=news&id=4388 (검색일: 2011.10.20).

374) Там же.

375) "О Ненецком округе в Сеуле," http://www.adm-nao.ru/?show=news&id=4575 (검색일: 2011.10.20).

376) "Корейцы снимут фильм о тундре," http://www.finnougr.ru/news/index.php?ELEMENT_ID=2331 (검색일: 2011.09.17).

377) "Тундра глазами корейцев," http://www.adm-nao.ru/?show=news&id=3049 (검색일: 2011.10.20).

378) Там же.

379) "Впервые иностранные коммерческие суда прошли Северным морским путем без помощи ледоколов," http://www.polit.ru/news/2009/09/14/ (검색일: 2011.02.07).

380) "Российские атомные ледоколы," http://ruatom.ru/milit/icebreakers.htm (검색일: 2011.02.07).

381) http://www.newsru.com/pict/big/1202063.html (검색일: 2011.02.07).

382) http://museum.rosneft.ru/past/chrono/year/1982/ (검색일: 2011.02.07).

383) http://sp.rian.ru/images/14769/67/147696791.jpg (검색일: 2011.02.07).

384) "НАО может стать плацдармом для дальнейшего развития Арктики – Федоров." РИА Новости, 5 августа, 2011. http://nw.ria.ru/economy/20110805/82034203.html (검색

일: 2011.09.09).

385) 필자 촬영.

386) 필자 촬영.

387) 필자 촬영.

388) 필자 촬영.

389) 필자 촬영.

390) 필자 촬영.

391) 필자가 전시박물관센터에서 구매한 사진.

북극의 별

네네츠

색 인

[ㄴ]

[ㄷ]

[ㄹ]

[ㅁ]

[ㅂ]

[ㅅ]

[ㅇ]

[ㅈ]

[ㅊ]

[ㅋ]

[ㅌ]

[ㅍ]

[ㅎ]

북극의 별 **네네츠:**

툰드라와 순록, 그리고 석유의 땅

초판 인쇄 | 2012년 5월 10일
초판 발행 | 2012년 5월 21일
기획 | 한국외국어대학교 러시아연구소
130-791 경기도 용인시 처인구 모현읍 왕산리 산 89
전화: 031-330-4852
팩스: 031-330-4840
홈페이지: http://www.rus.or.kr
전자우편: hufsirs@hufs.ac.kr
지은이 | 최우익
발행인 | 박 철
발행처 | 한국외국어대학교 출판부
130-791 서울특별시 동대문구 이문로 107
전화: 02-2173-2495~7
팩스: 02-2173-3363
홈페이지: http://press.hufs.ac.kr
전자우편: press@hufs.ac.kr
출판등록 | 제6-6호(1969. 4. 30)
편집·디자인 | 디자인 퍼브(02-2254-4301)
인쇄·제본 | SM C&P(02-468-6100)

ISBN 978-89-7464-751-3 94920 정가 15,000원
ISBN 978-89-7464-750-6 (세트)
*잘못된 책은 교환하여 드립니다.

불법복사는 지적재산을 훔치는 범죄행위입니다.
저작권법 제136조(권리의 침해죄)에 따라 위반자는 5년 이하의 징역 또는 5천만 원 이하의 벌금에 처하거나 이를 병과할 수 있습니다.